¿Qué hay después de la vida?

¿Qué hay después de la vida?

EVIDENCIAS DEL LIBRO *IMAGINE HEAVEN*,
OBRA SUPERVENTAS DE LA LISTA DEL
NEW YORK TIMES

JOHN BURKE

BakerBooks

a division of Baker Publishing Group
Grand Rapids, Michigan

Publicado por Baker Books
una división de Baker Publishing Group
P.O. Box 6287, Grand Rapids, MI 49516-6287
www.bakerbooks.com

Impreso en los Estados Unidos de América
Originalmente publicado en inglés con el título:
What's After Life?

ISBN 978-1-5409-0079-1

Desarrollo editorial: *Grupo Nivel Uno, Inc.*

A menos que se indique lo contrario, todos
los textos bíblicos han sido tomados de la
Nueva Versión Internacional® NVI® © 1999
por Biblica, Inc.® Usada con permiso. Todos
los derechos reservados mundialmente.

La Santa Biblia, Nueva Traducción Viviente,
© Tyndale House Foundation, 2010. Todos
los derechos reservados.

Algunas partes de este texto se tomaron del
libro *Imagine Heaven* (2015).

In keeping with biblical principles of
creation stewardship, Baker Publishing Group advocates the responsible
use of our natural resources. As a
member of the Green Press Initiative, our company uses recycled
paper when possible. The text paper
of this book is composed in part of
post-consumer waste.

green
press
INITIATIVE

Un fenómeno global

En Londres, Inglaterra, una madre soltera ingresó en el Hospital Memorial con sangrado severo.

Mi voluntad de vivir desaparecía en la misma medida en que la sangre drenaba mi cuerpo. Escuché un sonido —un ligero "pop"— y de repente el dolor se detuvo… Podía ver muy bien mi cuerpo mientras trabajaban intensamente en él conectando tubos para hacer una transfusión. Recuerdo que pensé que solo quería que se detuvieran. Me veía horrible y el color que tenía era terrible… El hecho de que estuviera con esos pensamientos a pocos centímetros del techo no me molestó ni me confundió… Estaba totalmente consciente, aun cuando había escuchado a una enfermera, la única que usaba una bata azul, decirles a los médicos que yo había perdido el conocimiento poco después de ingresar a la sala de emergencias. Estaba muy consciente de cada detalle y de los acontecimientos que ocurrían en aquella habitación. Advertí un túnel que apareció de repente y que estaba atrayéndome hacia él. Me alegró encontrarme lejos de esa tensa escena. Floté hacia el túnel y crucé el techo después de pasar a través de un ventilador. La oscuridad del túnel se intensificaba y comencé a ganar velocidad. Tenía curiosidad en cuanto a mi cuerpo y a su forma en ese momento; por lo que miré mis brazos y mis manos. Parecían estar expandiéndose e irradiando un ligero resplandor. Sentí una ráfaga de aire y un zumbido inferior como una vibración a medida que ganaba velocidad hacia una luz que fulguraba a lo lejos. A medida que avanzaba a un ritmo más rápido, sentí que había una presencia conmigo que me mantenía tranquila y emitía tanto amor como sabiduría. No vi a nadie, pero sentí el olor de mi abuelo que había muerto cuando yo tenía trece años… Por fin llegué a lo último y floté en un lugar lleno de una radiante luz blanca que parecía encarnar todos los conceptos del amor. Un amor incondicional, como el que una madre tiene por un hijo… Salí de la escuela parroquial a los diecisiete años, sintiendo que había sido liberada de una cruel prisión y con muy pocas ganas de ser religiosa, aunque en mi corazón sabía que lo que me estaba pasando tenía que ver con Dios. Las palabras no pueden describir mi asombro ante esa presencia… Me di cuenta de que Él sabía todos mis pensamientos y mis sentimientos. Lo siguiente que supe fue que estaba viendo a una bebé dormida que sabía que era yo misma. Observé con fascinación cómo veía los aspectos más destacados de cada etapa de mi vida… Sentí cada acto bueno o malo que había hecho y sus consecuencias en los demás. Fue un momento difícil para mí, pero fui apoyada por un amor incondicional y resistí las partes dolorosas. Me preguntaron telepáticamente si quería quedarme o regresar… De repente, volví a mi cuerpo y un dolor punzante me atravesó la parte inferior. La misma enfermera de bata azul estaba inyectándome y diciéndome que me relajara, ya que el medicamento para el dolor pronto comenzaría a surtir efecto. Parecía que no había estado inconsciente más de unos minutos, pero mi visita al "otro lado" me pareció que duró horas. Mientras estaba fuera de mi cuerpo en la sala de emergencias, observé una etiqueta roja en el costado de una de las aspas de un ventilador que estaba en la parte superior del techo. Pregunté si alguien estaría dispuesto a oír mi increíble experiencia y me dijeron que no tenían tiempo. Una de las enfermeras me escuchó. Lo hizo después de que le di algunos detalles de lo que les había dicho a los médicos y enfermeras mientras estaba inconsciente. Ella contó haber oído hablar de otros que habían sido traídos desde el borde de la muerte, con historias similares. Finalmente la convencí de que consiguiera una escalera alta para que viera por sí misma la calcomanía roja cuya apariencia describí con lujo de detalles en el lado oculto del ventilador de techo de la sala de emergencias. La enfermera y un asistente vieron la etiqueta, confirmando todos los detalles que había descrito.[1]

Suena como un fantástico cuento de hadas o una especie de alucinación, pero esa madre británica no es la única. Personas de todo el mundo aseveran tener historias similares y difíciles de creer después de experimentar milagros médicos de resucitación. ¿Podemos descartar un fenómeno global tan extendido que muchos médicos escépticos han encontrado científicamente convincente?

The Lancet, una de las revistas médicas más prestigiosas de Europa, informó de un paciente que había sufrido un paro cardíaco y que fue llevado a un hospital de Holanda en estado de coma y sin respiración. Cuando se le colocó un tubo en la vía aérea del paciente con el fin de ventilarlo, el personal médico notó que el paciente usaba prótesis dentales superiores. Así que se le retiraron las dentaduras postizas y se guardaron en la gaveta de un carrito de emergencia que estaba cerca, mientras el paciente estaba en coma profundo. Después de que lo reanimaron, el paciente fue trasladado a otra habitación en la que permaneció inconsciente. Una semana más tarde, el paciente recuperó la conciencia. Cuando la enfermera entró a la habitación, el paciente exclamó: "Oh, esa enfermera sabe dónde están mis dentaduras postizas". La practicante se sorprendió mucho cuando el paciente le explicó: "Sí, estabas ahí cuando me llevaron al hospital; tú me sacaste las dentaduras postizas de la boca y las guardaste en ese carrito. Tenía todas estas botellas y había una gaveta deslizante debajo; donde pusiste mis dientes". El paciente afirmó que había abandonado su cuerpo y observó la reanimación del mismo desde las cercanías al techo, pero aun así se sentía muy consciente en todo momento de los procedimientos que le aplicaron. Además, encontraron sus dentaduras perdidas precisamente donde dijo que estaban.[2]

En otra sorprendente historia, una mujer llamada Simran tuvo un accidente mientras viajaba en autobús en Mumbai, India, durante la soleada mañana del 18 de mayo de 2007.

Todo lo que puedo recordar es que escuché voces inquietas a mi alrededor que me rogaban amorosamente, diciendo: "¡Despierta! ¡Despierta!"… Vi que el autobús en el que viajaba había estado involucrado en un terrible accidente, en el que el conductor del vehículo perdió la vida y muchos de los pasajeros resultamos seriamente heridos. Entonces vi mi cuerpo empapado de sangre y cubierto de astillas. Mi pierna estaba aplastada. Caí inconsciente. Abrí los ojos, sin aliento y me vi en medio de los profesionales de la salud. Traté de hacerles una señal para alertarlos con el objeto de que me ayudaran a respirar. Vi a los médicos y enfermeras que cortaban mi ropa. Traté de protegerme, pero me rendí. Entonces apareció una luz brillante de la que salía una tierna voz masculina que decía: "Dejarás todo atrás. Tus seres queridos, los premios ganados con esfuerzo, tu dinero, incluso tu ropa. Vendrás a mí con las manos vacías". La luz también me dio un mensaje importante y [me dijo] que lo recordara… aquel accidente me dejó discapacitada hasta el día de hoy. Cuando la gente me ve sonriendo, se preguntan por qué tengo un brillo en el rostro. Es el resplandor de Dios. Me siento con mucha nostalgia y como que no pertenezco a este mundo. Porque sé que este no es mi hogar… tengo que vivir esta existencia y obedecer el mensaje hasta que Él me vuelva a llamar. Él solo me ama. Aunque me es muy difícil, estoy haciendo todo lo posible por difundir el AMOR y la PAZ que Dios tiene para todos nosotros.[3]

La doctora Mary Neal, cirujana ortopédica especialista en columna vertebral, practicaba piragüismo en kayak por una corriente de aguas turbulentas en Chile cuando se zambulló en una cascada. La nariz de su embarcación encalló entre dos rocas, quedando atrapada bajo el torrente de agua. La doctora Neal y su kayak estaban sumergidos por completo bajo tres metros de aguas. "Al instante supe que era probable que muriera",[4] me dijo cuando la entrevisté sobre la cercana experiencia que tuvo con la muerte. Aunque podía sentir la intensa presión del agua mientras se inclinaba sobre la parte delantera del kayak, a pesar de que sus huesos se fracturaban y sus ligamentos se desgarraban, no entró en pánico. La doctora Neal recuerda: "En ese momento, entregué completamente el resultado a la voluntad de

Dios".[5] De inmediato se sintió físicamente en buenas condiciones y segura de que todo estaría bien, a pesar de que enfrentaba su mayor temor.

> Crecí en el agua. Me desarrollé nadando, navegando, haciendo de todo en el agua —cosa que todavía me encanta— y, aunque en esos momentos no sentía miedo, siempre —siempre—, sentí cierto temor a la muerte por ahogamiento… Nunca me sentí sin aire. Ni tuve pánico alguno. Soy cirujana especializada en columna vertebral. Lo cierto es que intenté hacer cosas que me liberaran o soltaran al kayak, pero me sentí muy bien. Me sentí más viva que nunca.[6]

La doctora Neal afirma que su cuerpo quedó atrapado bajo el agua durante quince minutos y sus amigos confirman que estuvo "muerta" por treinta. A pesar de esos hechos, se sintió viva y en buenas condiciones todo el tiempo, aun cuando observaba los intentos que hacían por reanimarla desde un punto estratégico sobre el agua, donde estaba rodeada por una celebración de personas que la acogían en el cielo.

Según el *New York Times*, en 1982, "una encuesta de Gallup informó que ocho millones de personas han tenido episodios cercanos a la muerte", como los que usted acaba de leer.[7] ¿Qué hacemos con estas historias sobre la vida más allá de la muerte y cómo empezó todo esto?

Estos fenómenos mundiales de la medicina moderna, llamados experiencias cercanas a la muerte, no se conocían ampliamente ni se hablaba de ellos con frecuencia; bueno, hasta que apareció George Ritchie.

Descubrimiento de la experiencia cercana a la muerte

Era 1943 en Camp Barkley, Texas, y George Ritchie se había inscrito para luchar contra los nazis. En medio del campo de entrenamiento, se enteró de que el ejército lo enviaría a la escuela de medicina: ¡su sueño se hizo realidad! El clima y el entrenamiento hicieron estragos, por lo que Ritchie tuvo doble neumonía la semana que se suponía que debía ser enviado a la escuela en Richmond. A medianoche, antes de la mañana en la que planeó tomar el tren, se despertó sudando; con el corazón latiendo como un martillo neumático, y ardiendo con una fiebre de cuarenta y un grados centígrados. Cuando le hicieron las radiografías, se desmayó.

¿Dónde estaba yo?, reflexionó Ritchie.

¿Y cómo había llegado ahí?

Pensé de nuevo tratando de recordar. La máquina de rayos X, ¡así es! Me habían llevado al departamento de rayos X... y debo haberme desmayado o algo así.

¡El tren! ¡Perdería el tren! Salté de la cama alarmado, buscando mi ropa...

Me di vuelta y, entonces, quedé paralizado.

Alguien estaba acostado en aquella cama.

Di un paso para acercarme. Era un hombre bastante joven, con el pelo castaño bien cortado; tendido muy quieto. Pero [eso] era imposible. ¡Yo mismo acababa de salir de esa cama! Por un momento luché con aquel misterio [el del hombre en mi cama]. Era demasiado extraño pensar en ello y, de todos modos, no tenía tiempo.

Ritchie se dio cuenta de que el hombre que yacía en la cama tenía puesto su anillo. *Debo estar muerto*, pensó. Al instante, la luz de la habitación comenzó a brillar más y más.

Miré con asombro mientras el resplandor aumentaba, como apareciendo de la nada, e inundando todo el lugar al instante… Aquello era algo extraordinariamente brillante: como si un millón de luces —similares a las de los soldadores— se encendieran todas a la misma vez. Y precisamente, en medio de mi asombro, tuve un pensamiento prosaico, probablemente surgido de alguna clase de biología en la universidad: "Me alegro de no tener ojos físicos en este momento", pensé. "Esa luz destruiría cualquier retina en una décima de segundo".

No, me corregí, no era la luz.

Era Él.

Él debe ser demasiado brillante como para mirarlo. Por ahora vi que aquello no era una luz sino un Hombre que había entrado en la habitación, o mejor dicho, un Hombre hecho de luz…

En el instante en que lo percibí, una instrucción se forjó en mi mente. "¡Levántate!". Aquellas palabras salieron de mi interior, pero tenían una autoridad que mis simples pensamientos nunca habrían tenido. Me puse de pie y, al hacerlo, llegué a la maravillosa conclusión: Estás en presencia del Hijo de Dios.

Ritchie pensó en Jesús, el Hijo de Dios, de quien había aprendido en la escuela dominical. "Tierno, manso, algo débil", era la impresión que Ritchie tenía de Jesús. Pero esta persona era el Poder mismo fusionado con un amor incondicional que abrumaba a Ritchie.

Un amor asombroso. Un amor que superaba la imaginación más intensa. Ese amor sabía todo lo que despreciaba de mí mismo —las disputas con mi madrastra, mi temperamento explosivo, los pensamientos sexuales que nunca pude controlar, cada idea y acción egoísta que tuve desde el día en que nací— y, con todo y eso, me aceptó y me amó.

Cuando digo que sabía todo sobre mí, es porque era simplemente un hecho notorio. Puesto que además de ingresar en aquella habitación con su radiante presencia —y al contar todo ello, simultáneamente, tengo que describir cada cosa, una por una—, también había entrado en cada episodio de mi vida. Todo lo que me había ocurrido estaba desplegado ahí, simplemente a la vista, en el presente y en el momento, todo aparentemente en ese instante.

Cómo era posible todo aquello, no lo sabía…

¿Qué has hecho con tu vida que puedas mostrarme?

La pregunta, como todo lo que procede de Él, tenía que ver con el amor. ¿Cuánto has amado en tu vida? ¿Has amado a los demás como te amo yo? ¿Absolutamente? ¿De manera incondicional?

… ¿Por qué no había sabido yo que un amor como ese era posible? Alguien debió habérmelo dicho, pensé indignado. Era un buen momento para descubrir de qué se trataba la vida…

Te lo dije.

¿Pero cómo? Todavía con ganas de justificarme. ¿Cómo pudo habérmelo dicho y no lo he escuchado?

Te lo dije por la vida que viví. Te lo dije por la muerte que sufrí. De modo que, si mantienes tus ojos puestos en mí, verás más.[8]

Ritchie vio mucho, muchísimo más. Vio más belleza que lo que pudo haber imaginado alguna vez. Después de estar clínicamente muerto por nueve minutos, se encontró de nuevo en su cuerpo físico, pero con una sábana cubriéndolo hasta la cabeza. El doctor Francy firmó la declaración notariada que oficializaba su muerte, la que George mencionaría más tarde cada vez que hablara de su experiencia.[9] En su libro, *Return from Tomorrow*, Ritchie afirma: "No tengo idea de cómo será la próxima vida. Debo decir que todo lo que vi fue, apenas, desde la puerta. Pero fue suficiente como para convencerme absolutamente de dos cosas a partir de ese momento. La primera, que nuestra conciencia no cesa con la muerte física; y que, de hecho, se vuelve más aguda y más consciente que nunca. Y la segunda, que la forma en que pasamos nuestro tiempo en la tierra, el tipo de relaciones que forjamos, es enorme e infinitamente más importante que lo que podemos imaginarnos".[10]

La experiencia común

Después de esa experiencia transformadora, Ritchie al fin llegó a la escuela de medicina, trabajó durante trece años como galeno y finalmente formó una organización que se convertiría en el Cuerpo de Paz. A los cuarenta años, obtuvo su doctorado en psiquiatría. Años más tarde, el doctor Raymond Moody escuchó a Ritchie dictando una conferencia sobre su experiencia en la Universidad de Virginia. Moody nunca había oído hablar del asunto, pero había estudiado las teorías de Platón sobre la inmortalidad mientras cursaba su doctorado en filosofía.

Moody comenzó a hacer que sus estudiantes de filosofía leyeran teorías sobre la supervivencia *post mortem* y descubrió, con asombro, que aproximadamente uno de cada treinta estudiantes informaba algo similar a la historia de George Ritchie. Fue así que Moody empezó a "recopilar" esos relatos y, en 1975, acuñó la frase "experiencia cercana a la muerte" (conocida por las siglas ECM), y publicó sus hallazgos en su best seller internacional *Vida después de la vida*. Moody dijo: "Mi esperanza con este libro es que llame la atención sobre un fenómeno que está muy extendido y, a la vez, muy bien oculto".[11]

Moody entrevistó a cientos de personas que tenían relatos acerca de sus experiencias cercanas a la muerte. Aun cuando no hay dos historias idénticas, muchas de ellas comparten rasgos básicos comunes.

Un hombre está a punto de morir y, cuando llega al momento de mayor angustia física, escucha que su médico lo declara oficialmente muerto... De repente, se halla fuera de su cuerpo, pero aun en el entorno físico inmediato, y ve su propio organismo desde la distancia, como si fuera un espectador cualquiera. Observa el intento que hacen por reanimarlo desde aquella posición inusual... Se da cuenta de que todavía tiene un "cuerpo", pero de una naturaleza muy distinta y con poderes muy diferentes que los del cuerpo físico que ha dejado atrás. Pronto comienzan a suceder otras cosas. Otros acuden a encontrarlo y a ayudarlo. Les da un vistazo a los espíritus de familiares y amigos que ya han muerto, y un espíritu cariñoso y tierno de un tipo que nunca antes había encontrado —un Ser de Luz—, aparece ante él. Este ser le hace una pregunta, no verbalizada, para hacerle evaluar su vida y lo ayuda a seguir mostrándole una reproducción panorámica e instantánea de los principales acontecimientos de su existencia. En algún momento se encuentra acercándose a cierto tipo de barrera o frontera, la que aparentemente representa el límite entre la existencia terrenal y la próxima vida. Sin embargo, descubre que debe regresar a la tierra, que aún no ha llegado el momento de su muerte. En ese punto él se resiste… ya que no quiere volver. Lo abruman los intensos sentimientos de alegría, amor y paz. Sin embargo, a pesar de su actitud, de alguna manera se reúne con su cuerpo físico y vive.[12]

En los muchos años transcurridos desde que Moody acuñó su expresión, los estudios en Estados Unidos y Alemania han sugerido que aproximadamente el 4,2 % de la población ha informado acerca de una experiencia cercana a la muerte. Eso es uno de cada veinticinco individuos o casi trece millones de estadounidenses.[13]

Se han escrito muchos otros libros acerca de experiencias cercanas a la muerte y realizado cuidadosos estudios científicos con el fin de recolectar historias procedentes de culturas alrededor del mundo. ¿Podría la gente inventar historias o crearlas con tantos detalles?

Sí. Por esa razón, en el libro *Imagine Heaven*, en el que se basa esta obra, traté de elegir historias de individuos con poco o ningún motivo ulterior —como por ejemplo: cirujanos ortopédicos, pilotos de aerolíneas comerciales, ejecutivos bancarios, profesores, neurocirujanos—, personas que probablemente no necesiten dinero ni tienen credibilidad que perder inventando relatos descabellados. También he incluido niños; personas de países mayoritariamente musulmanes, hindúes y budistas; y mucho otros que no han escrito libros. Lo sorprendente es que, después de estudiar más de mil individuos que han tenido experiencias cercanas a la muerte, descubrí que todas estas agregan color a una gran imagen similar de la vida futura. Y ese es mi motivo principal al escribir este libro: ayudarle a imaginar el cielo para que vea lo sabio que es vivir para él, planificar al respecto y vivir sin temor puesto que está preparado para llegar a salvo a él algún día.

La característica más común, y que más se comparte, en todas las culturas es la muerte. La forma en que piense sobre lo que vendrá después de esta vida afecta todo: cómo prioriza uno el amor, qué tan dispuesto está a sacrificarse a largo plazo, cómo ve el sufrimiento, a qué teme o no. Comencé a estudiar este tema cuando mi papá estaba a punto de morir. Un amigo nos dio un ejemplar del libro del doctor Moody. Como agnóstico y escéptico, me intrigó que la medicina moderna pudiera darnos una idea en cuanto a la cuestión más importante de la humanidad: *¿Qué hay después de la vida?* En los últimos treinta años, pasé de mi carrera de ingeniería a dedicar mi existencia a estudiar y enseñar lo que aprendí sobre esta vida presente y la venidera. He estudiado la Biblia, las principales religiones mundiales, la filosofía y más de mil experiencias cercanas a la muerte por todo el mundo. Llegué a la conclusión de que el núcleo común de esas experiencias apunta a algo mucho más real de lo que la mayoría de la gente se imagina. Espero que recorra estas páginas con una mente receptiva, cualquiera sea su trasfondo espiritual, ¡porque estoy convencido de que su Creador le ama más de lo que puede imaginar! Sin embargo, ¿por qué debería creerme?

¿Qué convenció a tantos médicos escépticos?

"Nunca he visto nada, ni luz, ni sombras, ni nada", le explicó Vicki —una mujer ciega— a Kenneth Ring —profesor de la Universidad de Connecticut—, que estaba realizando un estudio sobre experiencias cercanas a la muerte por parte de personas ciegas. Los dos nervios ópticos de Vicki estaban tan severamente dañados que nunca había visto nada durante sus veintidós años de vida. Como lo explicó ella misma: "Mucha gente me pregunta si veo negro. No, no veo negro. No veo nada en absoluto. Y en mis sueños no veo ninguna impresión visual. Es solo sabor, tacto, sonido y olor. Pero nada de impresiones visuales; de ninguna clase".[14]

Eso fue hasta una fatídica noche cuando Vicki fue arrojada desde una camioneta y sufrió una fisura de cráneo basal además de fracturas en la espalda y el cuello. Vicki describe la experiencia cercana a la muerte que ella tuvo con sus propios y exclusivos elementos pero, esencialmente, con las mismas generalidades que la del doctor George Ritchie. Los testimonios de personas ciegas como Vicki han convencido a muchos médicos e investigadores escépticos de que la vida continúa después de la muerte. Las personas ciegas, de alguna manera, "ven" los mismos elementos durante una experiencia cercana a la muerte que las que ven las personas sin impedimentos visuales.

Como lo explica el cardiólogo e investigador holandés Pim van Lommel, las historias de Vicki y otras personas ciegas con una experiencia cercana a la muerte están obligando a los científicos a considerar nuevas ideas sobre la relación entre la conciencia y el cerebro. Como declara el doctor van Lommel, "las observaciones reportadas por Vicki no pudieron haber sido producto de la percepción sensorial o de una corteza cerebral funcional (visual), ni pudieron haber sido producto de la imaginación dados sus aspectos verificables".[15]

Kenneth Ring señala varias descripciones "visuales" que hizo Vicki. Por ejemplo, al revisar su vida, Vicki "vio" un cortometraje de su existencia terrenal con sus dos amigas, Debby y Diane. Más tarde pudo describir cómo se veían sus amigas de la infancia e incluso cómo caminaban (una de ellas se movía con gran dificultad). Estas eran precisiones en cuanto a las amigas de su niñez que Vicki no pudo haber visto en el momento preciso en que sucedieron, pero afirmó que las "vio" al revisar su vida. Los investigadores confirmaron esas observaciones con la madre que crió a las tres niñas.

En su estudio, Ring entrevistó a veintiuna personas ciegas (catorce de las cuales lo eran de nacimiento) que informaron acerca de su propia experiencia cercana a la muerte. Ring sometió su estudio a una revisión realizada por otros colegas, "quienes tendieron a estar de acuerdo con las conclusiones principales de los investigadores, en cuanto a que (1) la experiencia cercana a la muerte es igual para personas videntes como para personas ciegas o con discapacidad visual; (2) las descripciones de las personas ciegas y con impedimentos visuales sobre la experiencia muestran percepciones visuales similares; y (3) algunos de estos informes han sido confirmados por testigos externos. Por tanto (4), hay evidencia preliminar de que la información visual puede ser corroborada".[16]

Además, el Doctor van Lommel observó que "el conocimiento científico actual tampoco explica cómo se pueden apreciar los numerosos elementos de las experiencias cercanas a la muerte en un momento en que, en muchas personas que los reportan, la función cerebral se ha visto seriamente afectada … [además] no hay explicación en cuanto al hecho de que personas de todas las edades y culturas hayan reportado experiencias esencialmente parecidas".[17]

Algunos médicos escépticos, después de que se publicara el libro *Vida después de la vida*, se convirtieron en los investigadores pioneros en materia de experiencias cercanas a la muerte. El doctor Michael Sabom es un cardiólogo que me dijo que escuchó una presentación sobre el libro de Moody, pero que pensó que era algo insensato. Ninguno de los pacientes que había resucitado había transmitido una historia tan imaginativa. Así que, debido al desafío hecho por el presentador en cuanto a que les preguntaran a sus pacientes, Sabom aceptó el reto. Pasó cinco años investigando sobre el tema con sus pacientes y descubrió cientos de historias.

Lo que convenció al doctor Sabom y a otros galenos escépticos acerca de la vida más allá de la muerte fueron los pacientes que afirmaban que habían abandonado su cuerpo físico y habían observado su propia reanimación. Ahí había evidencia corroborativa, alguna forma verificable de confirmar si esos relatos eran más que alucinaciones o reacciones de un cerebro moribundo. El doctor Sabom ha grabado diversas y numerosas historias, como la de Pete Morton; que veremos a continuación.

[Pete] me dijo que había dejado su cuerpo durante su primer ataque cardíaco y que había visto su resucitación. Cuando le pedí que me dijera qué vio exactamente, describió la reanimación con tal detalle y precisión que, más tarde, yo podría haber usado la cinta para enseñarla a los médicos. Pete recordó haber visto el primer intento de un galeno por restablecer los latidos de su corazón. "Me golpeó. Y quiero decir que, realmente, me golpeó. Se volteó con el puño elevado por detrás de su cabeza y me pegó precisamente en medio del pecho". Pete recordó que le clavaron una aguja en el pecho, en un procedimiento que dijo que parecía "uno de esos rituales indios aztecas, en los que le sacan el corazón a una virgen". Incluso recordó haber pensado que cuando le aplicaron choques eléctricos para resucitarlo, usaron demasiado voltaje. "Hombre, mi cuerpo saltó a casi un metro de la mesa".

"Antes de hablar con Pete, y viendo datos registrados como los de él", dijo el doctor Sabom, "no creía que hubiera tal cosa como una experiencia cercana a la muerte... Esas personas, como Pete Morton, veían detalles de su reanimación que —en cualquier otro modo— no podrían haber visto. Un paciente notó al médico que no se cubrió sus zapatos blancos de charol durante la cirugía a corazón abierto. En muchos casos pude confirmar el testimonio del paciente con los registros médicos y con el personal del hospital".[18]

El doctor Sabom publicó su investigación en su libro *Recollections of Death* y en el *periódico de la Asociación Médica Americana* (*JAMA*, por sus siglas en inglés).

24

El doctor Jeff Long, un oncólogo radioterapeuta, leyó el artículo de *JAMA* y lo vio como algo ridículo. Sin embargo, cuando comenzó a preguntarles a sus pacientes resucitados si habían tenido una experiencia cercana a la muerte, también descubrió relatos similares. El doctor Long declara: "Recuerdo haber pensado que esas experiencias podrían cambiar mis puntos de vista sobre la vida, la muerte, Dios y el mundo en que vivimos".[19] Desde entonces, el doctor Long ha recolectado más de cuatro mil quinientas experiencias cercanas a la muerte en treinta y tres idiomas por todo el mundo. Su extenso estudio científico lo llevó a concluir lo que sigue: "Las experiencias cercanas a la muerte proporcionan evidencia científica tan poderosa que es razonable aceptar la existencia de una vida futura".[20]

El investigador Steve Miller señala la cantidad de literatura académica y revisada por colegas profesionales, y que está disponible desde que Moody escribió su obra *Vida después de la vida*: "Más de novecientos artículos sobre experiencias cercanas a la muerte se publicaron en literatura académica antes de 2011, gracias a las páginas de revistas tan variadas como *Psychiatry*, *The Lancet*, *Critical Care Quarterly*, *The Journal for Near-Death Studies*, *American Journal of Psychiatry*, *British Journal of Psychology*, *Resuscitation* y *Neurology*".[21] *The Handbook of Near-Death Experiences* registra cincuenta y cinco investigadores o equipos que han publicado al menos cincuenta y cinco estudios acerca de más de tres mil quinientas experiencias cercanas a la muerte.[22]

Explicaciones alternas

Se han propuesto muchísimas explicaciones alternas a lo largo de los años. El doctor van Lommel ha estudiado cada una de esas posibles explicaciones para algunas o todas las experiencias cercanas a la muerte: deficiencia de oxígeno (el síndrome de piloto de combate); sobrecarga de dióxido de carbono; reacciones químicas en el cerebro; efectos alucinógenos (DMT, LSD, psilocibina y mescalina); actividad eléctrica cerebral (ataques epilépticos y estimulación cerebral con electrodos); miedo a la muerte; despersonalización; disociación; fantasía e imaginación; engaño; recuerdos del nacimiento; alucinaciones; sueños; y decepción provocados por la medicación.

Después de discutir los méritos y problemas de cada una de esas hipótesis alternas, el doctor van Lommel ha concluido: "Las teorías sobre experiencias cercanas a la muerte expuestas anteriormente no explican la experiencia de una conciencia mejorada, con pensamientos lúcidos, emociones, recuerdos de la niñez temprana, visiones del futuro y la posibilidad de percepción desde una posición externa y por encima del cuerpo... Parece haber una relación inversa entre la claridad de la conciencia y la pérdida de la función cerebral".[23]

Algunos escépticos afirman que esos pacientes deben "captar" lo que se dice o escucha mientras están inconscientes, pero casos como el de la conocida cantante y compositora Pam Reynolds demuestran lo contrario.

Pam Reynolds, madre de treinta y cinco años, se sometió a una cirugía compleja para reparar un aneurisma gigante en una arteria cerebral. Según lo informado por el cardiólogo Michael Sabom y el neurocirujano Robert Spetzler, al prepararse para la cirugía, bajaron la temperatura de su cuerpo a aproximadamente cincuenta grados Fahrenheit y drenaron toda la sangre de su cabeza, de modo que su cerebro dejó de funcionar en las tres pruebas clínicas: "su electroencefalograma estaba en silencio, su respuesta al tronco encefálico estaba ausente y no fluía sangre por su cerebro…".

Además, le cerraron los ojos con cinta adhesiva, la sometieron a anestesia profunda, le controlaron la actividad del tronco encefálico con "clics de cien decibelios emitidos por pequeños altavoces moldeados e insertados en sus oídos" y todo su cuerpo —excepto el área pequeña de la cabeza que estaban cortando—, estaba cubierto por completo.

Durante ese tiempo, Reynolds tuvo una intensa experiencia cercana a la muerte en la que observó parte de la cirugía e informó de nuevo a los médicos lo que vio, describiendo en detalle los instrumentos especializados que usaron para la operación.

Por ejemplo, describió la sierra como "mucho más parecida a un taladro que a una sierra. Incluso tenía pequeños fragmentos que se guardaban en un estuche que se parecía al que mi padre usaba para guardar sus llaves mecánicas cuando yo era una niña. Y recuerdo claramente una voz femenina que decía: 'Tenemos un problema. Sus arterías son demasiado pequeñas'. Y luego una voz masculina que decía: 'Intenta con el otro lado'". Los doctores Sabom y Spetzler (director del Instituto Neurológico Barrow) confirmaron la precisión de lo que ella escuchó y vio en la sala de operaciones.[24]

El hecho de que personas de todas las edades y culturas hayan informado experiencias similares se explica mejor por una simple conclusión: Hay vida después de la muerte. Pero ¿cómo será esa vida? Cada experiencia cercana a la muerte es única, por lo que cada una debe filtrarse con cierto escepticismo. Sin embargo, cuando miles de personas de todas las edades en todo el mundo reportan los mismos elementos centrales, debemos considerar lo que eso significa para nosotros.

Elementos esenciales de una experiencia cercana a la muerte

Aunque no existen dos experiencias idénticas, hay elementos sorprendentemente comunes en el centro de las experiencias cercanas a la muerte descritos por personas de todas las edades y procedencias. El doctor Jeff Long informa sobre el porcentaje de cada elemento central descrito en su estudio de mil trescientas experiencias cercanas a la muerte en todo el mundo.

1. Experiencia fuera del cuerpo: separación entre la conciencia y el cuerpo físico (75,4 %)

2. Sentidos elevados (74,4 % dijo: "más consciente y alerta de lo normal")

3. Emociones o sentimientos intensos y generalmente positivos (76,2 % "paz asombrosa")

4. Paso de, o a través de, un túnel (33,8 %)

5. Encuentro de una luz mística o brillante (64,6 %)

6. Encuentro con otros seres, ya sean seres místicos o familiares o amigos fallecidos (57,3 %)

7. Una sensación de alteración del tiempo o el espacio (60,5 %)

8. Revisión de sus vidas (22,2 %)

9. Encuentro con reinos ("celestiales") no terrenales (52,2 %)

10. Aprendizaje de conocimientos especiales (56 %)

11. Encuentro de límites o barreras (31 %)

12. Retorno al cuerpo (58,5 % estaba consciente de la decisión de regresar)[25]

Después de treinta años de investigación como oncólogo en ejercicio, observando con escepticismo todas las explicaciones alternas, el doctor Long concluye: "Con un electroencefalograma plano [sin actividad cerebral registrada]… no hay ninguna posibilidad de que la actividad eléctrica en [las] partes inferiores del cerebro pueda explicar una actividad tan lúcida y ordenada como la describen los que han tenido una experiencia cercana a la muerte. La lucidez, junto con el orden predecible de los elementos, establece que las experiencias cercanas a la muerte no son sueños o alucinaciones, ni se deben a otras causas del deterioro del funcionamiento del cerebro".[26]

La mayoría de las personas que reportan una experiencia cercana a la muerte mencionan que es casi imposible expresar con palabras lo que han vivido; por lo tanto, cada experiencia cercana a la muerte es en realidad la interpretación de un ejercicio que está más allá de nuestro lenguaje tridimensional, finito y terrenal.

Imagínese que su vida es como una pintura bidimensional en blanco y negro plasmada en una pared. Cuando usted muere, es "arrancado" de esa pintura plana y llevado a la sala a color tridimensional que siempre estuvo a su alrededor, pero más allá de su limitada percepción bidimensional. Ahora imagine que vuelve a esa existencia plana, en blanco y negro, y trata de explicar cómo era la habitación tridimensional y colorida en la que estaba, pero en un lenguaje bidimensional en blanco y negro. Eso es lo que dicen los que tienen una experiencia cercana a la muerte, que es como tratar de describir la realidad extradimensional del cielo. Por eso también la gente que informa su experiencia cercana a la muerte filtran de manera natural, la experiencia a través de la cuadrícula de sus creencias.

Los que han tenidos una experiencia cercana a la muerte no pueden decirnos qué sucede verdaderamente después de la muerte biológica, porque no murieron por completo; regresaron para contarnos lo que vieron. Por lo tanto, no pueden decirnos qué sucede después de cruzar ese "límite" o "barrera", por lo que muchos sabían que no podían cruzar e incluso regresar. Tampoco son los primeros en informar sobre la realidad del cielo. He estudiado los textos antiguos de las religiones del mundo y, aunque muchos describen el cielo, he descubierto que el hecho central de las experiencias cercanas a la muerte de todo el mundo se alinea mejor con la estimulante imagen que la Biblia da acerca de la vida venidera. Veamos algunas formas en que las experiencias cercanas a la muerte confirman lo que la Biblia ha revelado durante miles de años para darles la esperanza —a todas las personas— de lo que vendrá después de esta vida. En el resto de este libro, examinaremos brevemente las experiencias de las personas que tienen experiencias cercanas a la muerte con el fin de ayudarlas a imaginar cómo será el cielo. Para tener una imagen completa, lea el libro *Imagine Heaven*.

Un cuerpo mejorado

Si espera que va a ser un alma fantasmal, sin cuerpo, flotando en el cielo, le aguarda una maravillosa sorpresa. Ese punto de la vida que usted más temía, la muerte de su cuerpo terrenal, de repente le liberará de una manera que nunca pensó ¡Se sentirá vivo! De hecho, tanto que tendrá que adaptarse. Incluso tendrá un cuerpo (brazos, piernas, dedos en las manos y en los pies), pero algo también será diferente. ¡Su adaptación!

Los que tienen una experiencia cercana a la muerte afirman que las dolencias y las discapacidades desaparecerán, y que las limitaciones de movimiento en su cuerpo terrenal no se aplicarán a ese cuerpo espiritual mejorado. Aun tendrá sus sentidos intactos; de hecho, parecerán turboalimentados y multiplicados. Pero sentirá y experimentará todo de una manera que se sienta más "real" y más "viva" que nunca, no con cinco sentidos, sino como con más de cincuenta de ellos.

Este nuevo cuerpo espiritual es una promesa de Dios. El apóstol Pablo, que escribió gran parte del Nuevo Testamento, puede haber estado reflexionando sobre su propia experiencia cercana a la muerte, reportada en Hechos 14, cuando explicó:

> Pues sabemos que, cuando se desarme esta carpa terrenal en la cual vivimos (es decir, cuando muramos y dejemos este cuerpo terrenal), tendremos una casa en el cielo, un cuerpo eterno hecho para nosotros por

Dios mismo y no por manos humanas. Nos fatigamos en nuestro cuerpo actual y anhelamos ponernos nuestro cuerpo celestial como si fuera ropa nueva. Pues nos vestiremos con un cuerpo celestial; no seremos espíritus sin cuerpo. Mientras vivimos en este cuerpo terrenal, gemimos y suspiramos, pero no es que queramos morir y deshacernos de este cuerpo que nos viste. Más bien, queremos ponernos nuestro cuerpo nuevo para que este cuerpo que muere sea consumido por la vida (2 Corintios 5:1-4, NTV).

¡No solo seremos libres de las dolencias de este cuerpo físico sino que también nos sentiremos jóvenes otra vez! ¿Recuerda cómo era usted cuando tenía aquella energía que parecía infinita, en su niñez? ¿Recuerda la fuerza y la resistencia de esos años de la adolescencia? ¡Imagínese un nuevo cuerpo que se va a sentir mucho mejor que eso!

Marv Besteman vivió esa transformación directamente. Como presidente jubilado del banco, Marv se sometió a una cirugía en el Centro Médico de la Universidad de Michigan para que le extirparan un tumor pancreático extraño, llamado insulinoma. La noche antes de su procedimiento, Marv tuvo una experiencia cercana a la muerte. Dijo que dos ángeles lo llevaron desde la habitación del hospital al lugar más hermoso que se pueda imaginar. Marv recuerda lo que narra a continuación:

De pie en una corta fila de personas, observé a otros treinta y cinco viajeros celestiales; personas de todas las nacionalidades. Algunos estaban vestidos con lo que pensé que probablemente eran los trajes nativos de sus tierras. Un hombre llevaba un bebé en sus brazos. Vi unas ráfagas de colores que iluminaban el cielo, mucho más allá de las estrellas del norte que había visto una vez en un viaje a Alaska. Era algo simplemente glorioso... la música que escuché no se podía comparar con cualquier otra que haya oído antes de que mi viejo [y decrépito] cuerpo se sintiera joven, fuerte, fantástico. Los dolores, las molestias y las limitaciones de la edad habían desaparecido. Me sentí como un adolescente otra vez, solo que mejor.[27]

Totalmente conocido y aceptado

Muchos de nosotros no nos conocemos, entendemos ni valoramos, es por eso que nos esforzamos por mejorar, hacer que la gente nos advierta, forjar un nombre o tratar de ser como alguien más. Pero de acuerdo con lo que la gente informa sobre el cielo en sus experiencias cercanas a la muerte, todo eso se remplaza con la asombrosa claridad del propósito con el que Dios le creó: que fuera completamente usted mismo, absolutamente único, totalmente amado.

No perderemos nuestra identidad terrenal; finalmente nos será completamente conocida. No perderemos nuestro humor, nuestra personalidad, nuestra apariencia, nuestras emociones, nuestra historia ni nuestros recuerdos. Definitivamente seremos nosotros mismos por completo, sin toda la confusión, las heridas y las mentiras que nublan nuestra verdadera identidad en esta vida.

Creer que valen todo para Dios capacita a muchos sobrevivientes de experiencias cercanas a la muerte para que vivan por lo que realmente importa. Moisés lo dijo hace miles de años y Jesús lo reiteró: amar a Dios es el primer y más grande propósito de la vida. Amar a los demás tanto como nos amamos a nosotros mismos, es lo segundo.

El doctor van Lommel indica que muchos sobrevivientes de experiencias cercanas a la muerte que entrevistó se dieron cuenta de que el amor es lo más importante y que "hablan de otorgar mayor valor y significado a la vida y menos importancia a cosas materiales como un automóvil costoso, una casa grande y un trabajo con estatus o jerarquía".[28]

Hazeliene, una madre soltera de Singapur, descubrió la verdad de esos hallazgos cuando se desmayó, se golpeó la cabeza y aparentemente "murió". Ella lo explica en inglés (que no es su lengua materna):

De repente me encontré en un túnel muy oscuro subiendo, subiendo, subiendo... Después de pasar por aquella oscuridad, todo cambió a una luz muy brillante. Había visto esa luz, pensé que era el sol, pero no lo era. No tengo ni idea de dónde procedía. Alguien me habló por un rato, escuché, y me di cuenta de que la voz venía de esa luz. ¿Sabe lo que sentí cuando vi aquella luz? Cuando vi esa luz brillante, sentí que alguien me amaba mucho (pero no tenía idea de quién era). Estaba muy abrumada con esa luz brillante. Y mientras estuve allí, sentí un amor que nunca antes había sentido. Esa luz me acogió muy calurosamente y sentí que me amaba mucho. Mis palabras a la luz antes de [que yo reviviera] fueron las siguientes: *Quería quedarme aquí, pero amo a mis dos hijos.* Cuando dije eso, de repente me desperté… ¿Era cierto que la luz era DIOS? ¿Por qué me sentí tan abrumada? Nadie me ha amado con esa clase de amor. Como quisiera que mis dos hijos y yo pudiéramos ir allí y sentir ese amor para siempre.[29]

Con los seres queridos

Muchos de los que vivieron una experiencia cercana a la muerte tuvieron un "comité de bienvenida" para saludarlos tal como Jesús les enseñó: "Usen sus recursos mundanos para beneficiar a otros y para hacer amigos. Entonces, cuando esas posesiones terrenales se acaben, ellos les darán la bienvenida a un hogar eterno" (Lucas 16:9, NTV).

Marv Besteman recuerda una fiesta de bienvenida a unos familiares cercanos, unos que lo habían influenciado en lo espiritual y a los que él había alentado espiritualmente. "Mis dos amigos eran guerreros de oración, por lo que habíamos pasado muchas horas orando juntos. No tengo la certeza de si es por eso que Dios eligió a esas dos personas para que las viera, de modo que tuvieran relevancia para mí y para mi vida espiritual. Todo lo que vi había sido influyente para moldear mi vida de alguna manera".[30]

La doctora Mary Neal dijo que salió disparada del agua y fue recibida por un comité de bienvenida lleno de luz y de amor: "Sabía que fueron enviados para guiarme a través de la división del tiempo y la dimensión que separa nuestro mundo del de Dios. También entendí tácitamente que fueron enviados no solo para saludarme y guiarme, sino también para protegerme durante mi viaje".[31]

Imagínese que su vida en la tierra se transformara en la fiesta más alegre y emocionante. Los familiares y amigos fallecidos que también amaron a Dios, junto con las personas que usted ha querido y ayudado, se reúnen porque simplemente no pueden esperar para mostrarle el cielo. Usted todavía es usted y ellos siguen siendo ellos: esas relaciones no mueren; es más, profundizan más que nunca en la exploración de la eternidad con Dios y entre ellos.

El doctor Long señala que en los sueños o las alucinaciones, por lo general, las personas afirman haber visto personas vivas recientemente encontradas. Pero en las experiencias cercanas a la muerte afirman ver seres queridos *fallecidos*. Un estudio realizado entre quinientos estadounidenses y quinientas personas en India descubrió que la gran mayoría de las figuras humanas vistas en las visiones de los moribundos eran parientes cercanos fallecidos.[32]

El lugar más bello que se pueda imaginar

Dale Black siempre había soñado con ser piloto comercial. Y a los diecinueve años de edad ya tenía su licencia profesional. Pero un día, cuando estaba en el aire con dos pilotos que lo asesoraban, el avión se estrelló contra un edificio de piedra a doscientos kilómetros por hora, precipitándose desde más de veinte metros de altura al suelo. Todavía se puede ver la foto de los restos en el periódico *Los Angeles Times*. Solo Dale sobrevivió después de tener una experiencia cercana a la muerte. Veamos una muestra del impresionante lugar en el que se encontró.

La fragancia que impregnaba al cielo era tan suave y dulce que casi no me di cuenta en medio de todo lo que había que ver y escuchar. Pero al mirar las delicadas y perfectas flores y la hierba, quise olerlas. Al instante, percibí un suave aroma. Mientras me enfocaba, podía notar la diferencia entre la hierba y las flores, los árboles e incluso el aire. Todo era muy puro y encantador, mezclado en un aroma dulce y agradable.

A lo lejos se alzaba una cadena de montañas, de aspecto majestuoso, como si reinaran sobre todo el paisaje. Esas no eran montañas que uno quisiera conquistar; eran montañas que quería admirar...

Mis ojos fueron atraídos a un río que se extendía desde el área de reunión, en el centro de la ciudad, hasta un muro. Fluía hacia el muro y parecía terminar allí, al menos desde mi punto de vista. El río era perfectamente claro y tenía un tono blanco azulado. La luz no brillaba en el agua, sino que misteriosamente resplandecía por sí misma de alguna manera.[33]

Si alguna vez ha temido que el cielo sea un lugar nublado, etéreo, menos que real, ¡piénselo de nuevo! El lenguaje de las Escrituras y las palabras que los que han tenidos una experiencia cercana a la muerte usan una y otra vez enfatizan lo contrario: esta vida que tenemos en la tierra es una sombra borrosa y menos real de lo brillante, hermosa, superior a sus sueños más descabellados y firme a la que necesita aferrarse.

Según la Torá judía, Moisés recibió instrucciones para modelar el tabernáculo según lo que Dios le mostró, que era "una copia y sombra de lo que está en el cielo" (Hebreos 8:5). Esto implica que todo lo que amamos de esta tierra es simplemente una sombra de la realidad mayor que está por venir: un lugar hermoso hecho para nosotros.

Imagine toda la belleza de la tierra —las majestuosas serranías que se sumergen en la profunda costa azul de California, los valles montañosos bordeados de álamos morados y verdes de Colorado, las playas de arena blanca y las aguas turquesas de las Islas Vírgenes, las hermosas costas irregulares de Hawái—, todo lo cual refleja el esplendor de Dios. Si eso es así, ¿cómo podríamos pensar que el cielo, donde habita el Creador, sería menos hermoso que la tierra?

Debido a que la mayoría de la gente nunca ha leído el libro de Apocalipsis en la Biblia, no se dan cuenta de la belleza de la tierra que Juan menciona en su visión del cielo. Es sorprendente cómo coincide ese relato con la belleza descrita por los que han tenido una experiencia cercana a la muerte por todo el mundo.

Después de esto lo vi … [personas] de todo pueblo y toda nación, tribu y lengua … Vestían túnicas blancas y tenían en sus manos ramas de palmeras… Él los guiará a manantiales del agua que da vida… [Él] me llevó en el Espíritu a una montaña grande y alta, y me mostró la ciudad santa, Jerusalén, que descendía del cielo, desde la presencia de Dios … Luego el ángel me mostró un río con el agua de la vida, era transparente como el cristal y fluía del trono de Dios y del Cordero.

Fluía por el centro de la calle principal. A cada lado del río crecía el árbol de la vida, el cual produce doce cosechas de fruto, y una cosecha nueva cada mes. Las hojas se usaban como medicina para sanar a las naciones (Apocalipsis 7:9, 17; 21:10; 22:1-2, NTV).

El doctor Richard Eby, médico y profesor reconocido a nivel nacional, cayó desde una altura de dos pisos y se estrelló directamente sobre su cabeza, abriéndosela. Dijo que instantáneamente apareció en un hermoso valle. Aunque se consideraba un botánico aficionado, no podía nombrar todas las variedades de árboles y flores que vio durante su experiencia cercana a la muerte.

Mi mirada se fijó en el exquisito valle en el que me encontraba. Bosques de árboles simétricos a diferencia de cualquier cosa en la tierra, cubrían las estribaciones por todas partes. Pude ver todas las ramas y las "hojas", no como una mancha marrón o una figura muerta en el follaje. ("No hay muerte allí" incluye la vegetación). Se parecían un poco a los cedros de América del Norte, pero no pude identificarlos. El suelo del valle era precioso. Las hierbas majestuosas, cada hoja perfecta y erguida, entremezcladas con flores ultra blancas de cuatro pétalos en tallos de medio metro de alto, con un toque de oro en su centro…

Entonces percibí una nueva y extraña sensación en los tallos, ¡no tenían humedad! Los palpé con cuidado.

Delicadamente suave, pero nada como tallos terrenales con su contenido celular acuoso. Antes de que pudiera preguntar, nuevamente tuve la respuesta: el agua terrenal es hidrógeno y oxígeno como soporte vital temporal; aquí, el agua viva, es Jesús. En su presencia nada muere.[34]

Vivo en nuevas dimensiones

En el 2008, Eben Alexander, neurocirujano de Harvard, fue atacado por una extraña enfermedad que causó que su neocorteza completa, la parte del cerebro que nos hace humanos, se apagara. Lo que experimentó revirtió las conclusiones que se había formado a través de la escuela de medicina.

Como neurocirujano, había escuchado muchos relatos a lo largo de los años que contaban personas que tuvieron experiencias extrañas, generalmente después de sufrir un paro cardíaco: historias de viajes a paisajes misteriosos y maravillosos; en las que hablaban con parientes muertos, incluso que se encontraban con el propio Dios. Cosas maravillosas, no hay duda. Pero todo eso, en mi opinión, era pura fantasía… Si usted no tiene un cerebro que funcione, no puede estar consciente. Eso se debe a que el cerebro es la máquina que produce conciencia, en primer lugar. Cuando esa máquina se descompone, la conciencia se detiene... Desenchufe el televisor y se apagará. La función terminó, no importa cuánto la haya disfrutado. Eso habría dicho antes de que mi propio cerebro se estrellara.

Mi experiencia me mostró que la muerte del cuerpo y el cerebro no son el fin de la conciencia, que la experiencia humana continúa más allá de la tumba. Más importante aún, continúa bajo la mirada de un Dios que nos ama y se preocupa por cada uno de nosotros, así como también por el destino final del universo mismo y de todos los seres que lo integran. El lugar al que fui es real. Real en una manera que hace que la vida que estamos viviendo aquí y ahora sea completamente onírica en comparación...

Debajo de mí había campo. Era verde, exuberante y terrenal. Era tierra... pero al mismo tiempo no lo era... Yo estaba volando, pasando sobre árboles, campos, arroyos y cascadas, por todas partes, sobre muchas personas. Había niños riendo y jugando. La gente cantaba y bailaba en círculos, y a veces veía un perro corriendo y saltando entre ellos...

Andaba entre las nubes. Grandes, hinchadas, de color blanco y tono rosado, aparecieron bruscamente entre el cielo azul oscuro. Más alto que las nubes, inmensurablemente más alto, bandadas de globos transparentes, seres brillantes zigzagueándose en el cielo, dejando atrás largas figuras de serpentinas. ¿Aves? ¿Ángeles?... Un sonido, formidable y retumbante como un glorioso canto, venía hacia abajo desde arriba, y me preguntaba si los seres alados lo estaban produciendo. Al pensar de nuevo en ello un poco más tarde, se me ocurrió que la alegría de esas criaturas, a medida que avanzaban, era tal que tenían que hacer ese ruido; ya que, si no expresaban ese gozo de esa manera, simplemente podrían contenerlo…

¿Cuánto tiempo residí en este mundo? No tengo idea. Cuando uno va a un lugar donde no hay sentido del tiempo, tal como lo experimentamos en el mundo ordinario, describir con precisión la forma en que se siente es casi imposible… vi que hay innumerables dimensiones superiores, pero que la única forma de conocerlas es entrar y experimentarlas en vivo y en directo…

Debido a que experimenté la naturaleza no lineal del tiempo en el mundo espiritual en una manera tan intensa, ahora puedo entender por qué tantos escritos sobre la dimensión espiritual pueden parecer distorsionados o simplemente absurdos desde nuestra perspectiva terrenal. En los mundos superiores a este, el tiempo simplemente no se comporta como lo hace aquí. No es necesariamente una cosa tras otra en esos mundos. Un momento puede parecer una vida, y una o varias vidas pueden parecer un momento.[35]

Eso es exactamente lo que la Biblia nos dice acerca del mundo de Dios, donde el tiempo y el espacio se experimentan en dimensiones superiores a las nuestras. "Para el Señor un día es como mil años, y mil años como un día" (2 Pedro 3:8). Imagínese un mundo donde el tiempo ya no es un enemigo, donde viajar ya no se siente molesto, donde las vistas y los sonidos, la luz y el color, la música y el canto cobran vida de una manera que trae éxtasis a los residentes del cielo.

Una de las similitudes más interesantes de las experiencias cercanas a la muerte es la forma en que las personas describen la luz y los colores del cielo. En todo el mundo describen una luz que sale de todo, pero esa luz también es amor y vida, y los colores superan con creces el espectro de tonalidades de nuestro sol. Veamos cómo dos personas ciegas, Vicki y Brad, describen la luz del cielo.

Brad, que también era ciego de nacimiento, experimentó una "muerte" clínica cuando tenía ocho años. Dice que estaba mirando a alguien que iba a buscar ayuda, después de escucharlo [a Brad] luchar en el aire, cuando se lanzó a través de un túnel y salió a un vasto prado bañado en una luz resplandeciente.

Todo, incluso la hierba que había pisado, parecía empaparse con esa luz. Parecía que la luz realmente podría penetrar a través de todo lo que había allí, incluso las hojas de los árboles. No había sombra ni necesidad de ella. La luz, en realidad, lo abarcaba todo. Sin embargo, me preguntaba cómo podría saber eso puesto que nunca había visto antes algo así. Sentí que no lo entendería si hubiera sucedido en la tierra. Pero donde estaba, pude aceptarlo casi de inmediato.[36]

Vicki contó una experiencia muy similar.

Todo el mundo estaba hecho de luz. Sí, estaban hechos de luz. Lo que transmitía esa luz era amor. Había amor en todas partes. Era como si el amor surgiera de la hierba, de los pájaros, de los árboles.[37]

Más tarde, Vicki contó más de lo que vio en el documental *El día en que morí.*

Fue extraordinario, realmente hermoso; esa experiencia me sobrecogió porque realmente no podía imaginar cómo era la luz. Y sigue emocionándome cuando hablo de ello.[38]

Las personas ciegas nunca esperarían que la luz saliera "de" todo, ya que en el ambiente terrenal escuchan que la luz brilla "sobre" todo. Sin embargo, en todo el mundo, los que han tenido experiencias cercanas a la muerte dicen lo mismo. El capitán Dale Black recuerda: "De alguna manera, sabía que la luz, la vida y el amor estaban conectados e interrelacionados. Es de notar que, la luz, no brillaba sobre las cosas sino a través de ellas.

A través de la hierba. Entre los árboles. A través de las paredes. Y a través de las personas que se reunían allí".[39]

Los que han tenido experiencias cercanas a la muerte, y que provienen de diversas culturas, reflejan exactamente lo que la Biblia declara acerca de la luz del cielo: "La ciudad no tiene necesidad de sol ni de luna, porque la gloria de Dios ilumina la ciudad, y el Cordero es su luz. Las naciones caminarán a la luz de la ciudad, y los reyes del mundo entrarán en ella con toda su gloria" (Apocalipsis 21:23-24, NTV). Y Jesús nos dijo que esa luz de Dios, que es amor, brillará a través de la gente del cielo: "los justos brillarán como el sol en el reino de su Padre" (Mateo 13:43, NTV).

El Ser de Luz

Lo más destacado de muchas de los que han tenido una experiencia cercana a la muerte es lo relativo a un místico Ser de Luz que los llena de un amor que va más allá de la imaginación. En el estudio del doctor Long, el 49,9 % de las personas dijeron que encontraron un "ser definido, o una voz claramente de origen místico o de otro mundo".[40] Pero, ¿quién es ese Ser de Luz? No es sorprendente que esta pregunta sea el punto en que difieren las opiniones de los investigadores.

Erlendur Haraldsson y Karlis Osis, dos investigadores escandinavos, estudiaron a quinientos estadounidenses y quinientos indios para determinar cuánto condicionamiento religioso o cultural dio forma a una experiencia cercana a la muerte. Ellos señalaron lo siguiente: "Si el paciente ve a un hombre radiante vestido de blanco que provoca una experiencia inexplicable de armonía y paz, puede interpretar la aparición de varias maneras: como que es un ángel, Jesús o Dios; o si es hindú, cree que es Krishna, Shiva o Deva".[41]

Aunque he escuchado de investigadores que establecen conclusiones como esta, nunca he leído sobre experiencias cercanas a la muerte que describan algo como figuras de Krishna (que tiene la piel azul) o Shiva (que tiene tres ojos). Aunque pueden tener diferentes interpretaciones según su cultura, lo que describen aquellos que han tenido una experiencia cercana a la muerte es similar en todas las culturas. La gente en todas partes sabe intuitivamente que eso se trata de Dios. Este Dios es luz y amor; por lo que, en la presencia de Dios, nunca se han sentido tan conocidos, amados o vivos. Las características de este Dios de la luz reportadas en todo el mundo parecen ser sorprendentemente congruentes con lo que revela la Biblia.

Haraldsson y Osis afirman que "el fenómeno, dentro de cada cultura, casi nunca se ajusta a las creencias religiosas acerca de la vida después de la muerte... las ideas cristianas acerca de 'juicio', 'salvación' y 'redención' no se reflejaron en las visiones de nuestros pacientes estadounidenses". Analizo esta afirmación, en profundidad, en el libro *Imagine Heaven* con el fin de mostrar cómo las expectativas de Osis y Haraldsson en cuanto a estas ideas no coinciden con lo que la Biblia enseña; sin embargo, ellos también notan lo que sigue:

> Algunas de las ideas hindúes básicas acerca de la vida futura nunca se describieron en las visiones de los pacientes indios. Nunca se mencionaron los diversos "loci" [o lugares] védicos de una vida futura: como el cielo hindú. Tampoco se mencionaron la reencarnación y la disolución en Brahma, el aspecto sin forma de Dios, que es el objetivo del esfuerzo espiritual indio. El concepto de Karma — acumulación de méritos y deméritos— puede haber sido sugerido vagamente por informes de un "hombre de túnica blanca con un libro de cuentas".[42]

Ninguno de los indios en los estudios de Haraldsson y Osis mencionó el principal objetivo hindú del *moksha*, el yo finalmente absorbido en la forma suprema impersonal de Dios; sin embargo, algunos de ellos describieron un Ser de Luz amoroso, personal y vestido de blanco con barba y un libro de cuentas. "El paciente [indio] parecía morir. Después de un tiempo, recuperó la conciencia. Luego nos dijo que los mensajeros se lo llevaron con ropa blanca y lo llevaron a un lugar hermoso. Allí vio a un hombre de blanco, con un libro de cuentas".[43]

Haraldsson y Osis dicen: "[En las experiencias cercanas a la muerte ocurridas con indios], el hombre con el "libro de cuentas" siempre se representa como un gobernante benigno. Un aura de santidad reposa sobre él, independientemente de si se le llama 'el hombre con una túnica blanca' o 'Dios'".[44] Steve Miller estudió los relatos de experiencias cercanas a la muerte occidentales en comparación con los no occidentales y descubrió lo mismo: "El indio hablaba de una persona con barba que miraba los libros para ver si el que tuvo la experiencia cercana a la muerte debía permanecer allí o ser devuelto". Miller dice: "Hallé todos los elementos occidentales comunes en las experiencias no occidentales".[45]

Estos sujetos de investigación podrían no estar describiendo sus propias ideas culturales acerca del cielo, pero todas ellas describen el cielo de la Biblia. El profeta Daniel, en el Antiguo Testamento, mientras vivía en Babilonia en el siglo VI a. C., tuvo la siguiente visión del cielo:

Observé mientras colocaban unos tronos en su lugar, y el Anciano se sentó a juzgar. Su ropa era blanca como la nieve, su cabello se parecía a la lana más pura. Se sentó sobre un trono ardiente [describiendo una luz brillante]... Entonces comenzó la sesión del tribunal y se abrieron los libros... [y] vi a alguien parecido a un hijo de hombre descender con las nubes del cielo. Se acercó al Anciano y lo llevaron ante su presencia. Se le dio autoridad, honra y soberanía sobre todas las naciones del mundo, para que lo obedecieran los de toda raza, nación y lengua. Su gobierno es eterno, no tendrá fin. Su reino jamás será destruido (Daniel 7:9-10, 13-14, NTV).

Los que han tenido una experiencia cercana a la muerte encuentran que aun cuando ese Ser de Luz los llena de asombro, también los abruma con un amor absoluto y con su aceptación. Como lo expresó enfáticamente un hombre en el estudio de Moody: "*Nunca* quise irme de la presencia de ese ser". Incluso una madre con niños pequeños a los que amaba más que nada dijo: "Ahora, esta es la parte más difícil: cuando tuve ese sentimiento maravilloso, allí en presencia de aquella luz, realmente no quise volver. Pero… sabía que tenía un deber con mi familia. Así que decidí volver".[46]

Khalida, una mujer de Belén, describió su estancia con ese Ser de Luz de la siguiente manera: "Su presencia me consumió tanto que me arrodillé y lo miré. Es tan glorioso, tan hermoso. Es toda la luz dentro de la Luz".[47]

Samaa, una mujer que creció en el Medio Oriente, dijo: "Él irradiaba un amor asombroso que trasmitía una profunda aceptación. No sentí condena ni vergüenza".[48]

¿Quién es este Dios de la luz y el amor?

El tema principal de la Biblia es que Dios quiere una relación de amor con usted y con cada persona que creó;

ese amor es la razón por la que nos creó. Pero el amor requiere libertad, riesgo y decisión. Eso significa que Dios eligió someterse a la misma montaña rusa emocional que el amor aplica a todas las personas: la posibilidad de rechazo y la aflicción.

En la Biblia, Dios emplea todas las metáforas relacionales imaginables para que podamos entender cómo se siente en cuanto a nosotros. Dios derramó su corazón ante el profeta Jeremías cuando vio que las personas que amaba lo rechazaban por amar y adorar otras cosas.

"Con amor eterno te he amado…
Los guiaré a corrientes de agua
    por un camino llano
    en el que no tropezarán…
¿Acaso no es Efraín mi hijo amado?
    ¿Acaso no es mi niño preferido?
Cada vez que lo reprendo,
    vuelvo a acordarme de él.
Por él mi corazón se conmueve;
    por él siento mucha compasión", afirma el
    Señor (Jeremías 31:2, 20).

Me dije a mí mismo:
    "¡Cómo quisiera tratarlos como a mis
    propios hijos!".
Solo quería darles esta hermosa tierra,
    la posesión más maravillosa del mundo.

Esperaba con anhelo que me llamaran
"Padre",
y quise que nunca se alejaran de mí.
Sin embargo, me fuiste infiel
(Jeremías 3:19-20, NTV).

Dios nos ama como un padre que ama a un hijo rebelde. Aunque nos rebelemos y huyamos, y le quebrantemos el corazón, Él anhela mostrarnos compasión, perdonarnos y llevarnos de regreso. Los que han tenido una experiencia cercana a la muerte comúnmente sienten dos cosas en la presencia de ese Dios de la luz: un amor abrumador y compasivo, y una revisión de la vida en la que este Ser enfatiza el impacto de sus acciones en los demás. El investigador Steve Miller afirmó: "En mi muestra no occidental, no vi diferencias significativas en cuanto a las revisiones de vida en comparación con las revisiones de vida de los occidentales".[49]

Suresh, una mujer de India, recuerda la naturaleza relacional de su experiencia cercana a la muerte: "Me di cuenta de que Dios era amor, luz y movimiento; y que para poder recibirlo en el corazón, uno tenía que limpiarlo y disculparse con todas las personas con las que estuviera asociado y con quienes tenía diferencias, argumentos o disputas o con todos aquellos a quienes podría haber causado dolor consciente o inconscientemente. La clase de amor que experimenté allí no se puede expresar con palabras".[50]

Los que han tenido una experiencia cercana a la muerte, independientemente de su cultura, son muy conscientes de que no han alcanzado lo que saben que es correcto. Todas las religiones del mundo nos enseñan la misma ley moral básica, pero todos la violamos. Ni siquiera podemos guardar nuestra propia ley moral. ¿Alguna vez ha dicho: "Nunca lo haré…" pero lo hizo? Las religiones del mundo nos recuerdan que algo anda mal y que todos somos un verdadero desastre. El mundo es un caos. Todos necesitamos desesperadamente la ayuda de Dios. La pregunta es, ¿qué hará Dios con nuestros fracasos morales?

Rene fue declarada "muerta" por su neurocirujano el día después de que ella hidroplaneaba en las calles de Sydney, Australia, y se estrelló contra un poste de energía en una zona industrial. En el camino a la morgue, fue revivida y pudo contar su experiencia.

Llegué en una explosión de luz gloriosa a una habitación con paredes insulsas, de pie ante un hombre de unos treinta años, un metro ochenta de altura, cabello castaño rojizo hasta los hombros, con una barba y un bigote increíblemente aseados y cortados. Llevaba una sencilla túnica blanca; parecía irradiar luz y sentí que tenía una gran experiencia y mucha sabiduría. Me recibió con gran amor, tranquilidad, paz (indescriptible), sin palabras. Pensé: "Puedo sentarme a sus pies para siempre y estar contenta", lo que me pareció

54

extraño pensar, decir o sentir. ¡Me fascinó la tela de su túnica, traté de descubrir cómo se podía tejer la luz!

Se paró a mi lado y me indicó que mirara a mi izquierda, donde estaba reproduciendo los momentos menos gratos de mi vida; reviví esos instantes y sentí no solo lo que había hecho, sino también el dolor que había causado. Algunas de las cosas que nunca pude imaginar que podrían haber causado dolor. Me sorprendió que algunas cosas por las que me hubiera preocupado, como robar un chocolate cuando era niña, no estuvieran allí mientras se contaban los comentarios casuales que me causaban un dolor desconocido en ese momento.

Cuando me sentí cargada de culpa, fui dirigida a otros hechos que alegraron a los demás. Aunque me sentía indigna… recibí un gran amor.[51]

A pesar de ver vívidamente todas sus obras, buenas y malas, los que han tenido una experiencia cercana a la muerte no ven a un Dios que desee condenar. Sienten una compasión amorosa y una disposición a perdonar. Sin embargo, si uno busca entre los dioses de las religiones del mundo, ¿cuántos de ellos afirman defender la justicia y la rectitud, pero registran cada uno de nuestros pensamientos y acciones y —a pesar de ello—, extienden el perdón y la compasión amorosos? Eso es lo que describe al Dios de la Biblia, que hace todo ello por una relación amorosa con nosotros. La Biblia dice que Dios es amor. Él nos ama como hijos y quiere perdonar a toda la humanidad, pero para liberarnos de nuestras deudas, alguien tiene que pagar para hacer las cosas bien. Eso es lo que Jesús dijo que vino a hacer: "Porque Dios amó tanto al mundo que dio a su Hijo unigénito, para que todo el que cree en él no se pierda, sino que tenga vida eterna. Porque Dios no envió a su Hijo al mundo para condenar al mundo, sino para salvar [enderezar] al mundo a través de él" (Juan 3:16-17, corchetes míos). Eso explica por qué las experiencias cercanas a la muerte generan compasión en vez de condena. ¿Pero por qué fue necesaria la muerte de Jesús? Si Dios quiere perdonarnos y restaurar nuestra relación, ¿por qué no nos perdona? Esa es una pregunta razonable.

Imagínese que me presta su nuevo auto deportivo de 85.000 dólares y me pide que no conduzca rápido en las carreteras sinuosas. Yo sabía que podía manejarlo, así que desobedecí su voluntad y terminé chocando y destruyéndole el auto. Le debo 85.000 dólares para arreglar las cosas. Pero, ¿qué pasaría si le dijera: "Oiga, ¿por qué no me *perdona* eso?". Si me perdona los 85.000 dólares que le debo para reemplazar su auto, usted todavía tendrá que pagarlo, tendrá que pagar un auto nuevo para arreglar las cosas, para que todo esté como antes de que yo le causara el daño.

Para que se haga justicia, alguien tiene que pagar por arreglar las cosas. O pagamos las consecuencias de la rebelión contra nuestro Creador, por lo que estamos separados de Él, la Fuente de toda luz, vida y amor, o reconocemos nuestra necesidad, le pedimos perdón y Él paga por ello con la muerte de Jesús. Él hace eso para que todas las personas dispuestas puedan vivir libres del miedo a la condenación y del temor a la muerte, sabiendo que nuestro Creador nos ama como a sus propios hijos. Pero el amor no puede ser forzado, por lo que Dios no nos lo impone; al contrario, nos deja elegirlo libremente.

Jesús, sin embargo, era un hombre común, ¿o no?

Algunos podrían decir que ese Ser de Luz es mucho más impresionante que el Jesús que anduvo en la tierra. Y, de hecho, Jesús era un hombre normal; de carne y hueso. Pero considere cómo apareció cuando dejó que Pedro, Jacobo y Juan vieran su gloria: "Mientras los hombres observaban, la apariencia de Jesús se transformó a tal punto que la cara le brillaba como el sol y su ropa se volvió tan blanca como la luz" (Mateo 17:2, NTV).

Una cristiana de India fue resucitada después de que su corazón se detuvo en el hospital. Un poco más tarde, ella declaró: "Sentí que subía. Había un hermoso jardín lleno de flores. Me senté ahí. De repente, sentí una luz radiante y Jesucristo se acercó a mí. Se sentó y me habló. Había luz por todas partes".[52] Eso se alinea con lo que Jesús dijo en Juan 8:12: "Yo soy la luz del mundo. El que me sigue no andará en tinieblas, sino que tendrá la luz de la vida".

Ian, un joven surfista de la Isla de Mauricio, sabía que estaba muriendo después que varias medusas lo atacaron. En aquel escenario, cuando sintió que su vida se desvanecía, clamó por perdón, pronunció la oración del Señor como su madre le había enseñado y falleció.

Salí de un túnel y parecía estar de pie ante la fuente de toda la luz y el poder. Toda mi visión fue abarcada con aquella extraordinaria luz. Parecía un fuego blanco o una montaña de diamantes tallados que refulgían con el brillo más indescriptible…

Mientras estaba allí, las preguntas comenzaron a agolparse en mi interior: "¿Es esto solo una fuerza, como dicen los budistas, o el karma o el Yin y el Yang? ¿Es solo una fuente innata de bríos o energía o podría haber alguien parado allí?". Todavía estaba cuestionándolo todo.

Mientras meditaba en esos pensamientos, una voz me habló desde el centro de la luz. Era la misma que había escuchado más temprano en la noche. Aquella voz dijo: "Ian, ¿deseas regresar?…". A lo que respondí: "Si estoy fuera de mi cuerpo, no sé dónde estoy; así que deseo regresar". La respuesta de esa persona fue: "Si deseas volver a Ian, debes verlo con una nueva luz".

En el momento en que escuché las palabras "verlo con una nueva luz", algo hizo que cayera en cuenta.

Recordé que cierta vez me dieron una tarjeta de Navidad que decía: "Jesús es la luz del mundo" y "Dios es luz y no hay oscuridad en Él…".

Comencé a llorar sin control mientras el amor cobraba más y más fuerza. Estaba muy limpio, muy puro, sin ataduras… Dios me mostró que cuando pedí perdón en la ambulancia, fue cuando me perdonó y limpió mi espíritu del mal… Ese amor estaba sanando mi corazón, por lo que comencé a comprender que hay una esperanza extraordinaria para la humanidad en ese amor…

Cuando salí a la luz fue como si hubiera entrado a un escenario con luces brillantes suspendidas, como las estrellas suspendidas en el cielo o los diamantes que emiten el más sorprendente resplandor… De pie, en el centro de la luz, estaba parado un hombre con unas deslumbrantes túnicas blancas que le llegaban hasta los tobillos. Pude ver sus pies descalzos. Las prendas no eran telas hechas por la mano del hombre, eran como prendas de luz. Cuando levanté los ojos, pude ver el pecho de un hombre con los brazos extendidos como para darme la bienvenida.

Miré a su rostro. Era tan brillante; parecía ser diez veces más brillante que la luz que había visto. Hacía que el sol se viera amarillento y opaco en comparación. Era tan brillante que no podía distinguir los rasgos de su rostro… sabía que estaba de pie en presencia del Dios Todopoderoso, nadie más que Dios podría verse así.[53]

En la Biblia, el relato del apóstol Juan cuando vio a Jesús —varias décadas después de la crucifixión— se parece a una de esas experiencias cercanas a la muerte que ocurren en la actualidad.

Me exiliaron a la isla de Patmos por predicar la palabra de Dios y por mi testimonio acerca de Jesús... De repente, oí detrás de mí una fuerte voz, como un toque de trompeta, que decía: "Escribe en un libro todo lo que veas...".

Había alguien semejante al Hijo del Hombre. Vestía una túnica larga con una banda de oro que cruzaba el pecho. La cabeza y el cabello eran blancos como la lana, tan blancos como la nieve, y los ojos eran como llamas de fuego. Los pies eran como bronce pulido refinado en un horno, y su voz tronaba como potentes olas del mar. Tenía siete estrellas en la mano derecha, y una espada aguda de doble filo salía de su boca. Y la cara era semejante al sol cuando brilla en todo su esplendor...

[Él] me dijo: "¡No tengas miedo! Yo soy el Primero y el Último. Yo soy el que vive. Estuve muerto, ¡pero mira! ¡Ahora estoy vivo por siempre y para siempre! Y tengo en mi poder las llaves de la muerte y de la tumba" (Apocalipsis 1:9-11, 13-18, NTV).

Cuando pensamos en Jesús solo como una figura religiosa mansa y apacible, manchada por la oscuridad y la mayoría de las veces sin contacto con nuestras vidas hoy, nos engañamos. Jesús reveló al Todopoderoso, omnisciente, omnipresente e infinito Creador del universo en una forma con la que podríamos relacionarnos puesto que Dios quiere que tengamos una relación. Dios es un Dios que se relaciona, por lo que se unió a su creación para que lo amemos y confiemos plenamente en Él.

Samaa creció en una familia del Medio Oriente. Aprendió acerca de Jesús con su instructor de artes marciales. Así fue que comenzó a asistir a una iglesia; pero un domingo, el edificio de la iglesia fue destrozado por una bomba lanzada por un terrorista. Diez de los amigos de Samaa murieron alrededor de ella; sin embargo, ella regresó y les describió su encuentro con Jesús.

Lanzada a tres metros por el aire y estrellada contra la pared opuesta, clamé a Jesús en silencio en medio de mi agonía: "¡Jesús, ayúdame!". Y entonces, en ese instante, mi espíritu abandonó mi cuerpo y morí... Cuando abrí los ojos vi una resplandeciente luz blanca que iluminaba a Jesús, el Hijo del Hombre, el Hijo de Dios. Su rostro era más brillante que el sol, estaba en toda su gloria... Era como si Jesús pudiera mirar a través de mí y leyera todos los pensamientos de mi corazón. Todo mi cuerpo estaba temblando. Me sentí tan indigna de estar en su presencia... Él irradiaba un amor extraordinario que inspiraba una profunda aceptación. No sentí condena ni vergüenza...

"Bienvenida a casa, Samaa", dijo con una voz dulce y gentil, pero también poderosa, como el sonido de muchas aguas. Me abrió los brazos. Sus hermosos ojos eran como un ardiente fuego de amor consumidor que me abrumaba. Como un imán, su amor me atrajo a Él...

"¿Quieres regresar o quedarte aquí en el cielo?", preguntó Jesús. Luego me mostró mi vida. Como si estuviera viendo instantáneas de una película, me vi crecer. Los diecinueve años que había vivido pasaron frente a mis ojos. Después de ver las decisiones que había hecho, me di cuenta de que había estado viviendo para mí misma, por lo que me arrepentí... Además, Él es un caballero. No me obligó, pero me dio la libertad de elegir. Cuando le comuniqué que quería regresar...

"Muy bien, hasta pronto", me dijo.

De inmediato, una nueva ola de amor se apoderó de mí. Fue muy fácil hablar con Él, comunicarme, como una hija que hablaba con su Padre.[54]

Algunas personas buscan el conocimiento de Dios después de tener una experiencia cercana a la muerte, pero no todas. Algunos buscan conocimiento para recrear la experiencia más que para buscar a Dios. De modo que ver *no* es creer. Es por eso que no es necesario tener una experiencia cercana a la muerte para conocer o amar a Dios; de hecho, la mayoría de las personas que tienen una experiencia cercana a la muerte luchan contra la depresión por tener que regresar. Ver a Dios no garantiza la plena confianza o la fidelidad amorosa a Él, y sin embargo, eso es lo que Dios más desea.

El reconocido ateo A. J. Ayer tuvo un paro cardíaco, por lo que murió clínicamente. "El único recuerdo que tengo... abarcando mi muerte, es muy vívido. Me enfrenté a una luz roja, extremadamente brillante, y también muy dolorosa, aun cuando me aparté de ella. Sabía que esa luz era responsable del gobierno del universo... Sin embargo, quería encontrar una manera de extinguir esa luz dolorosa".[55] Dios nos da la libertad de elegirlo o de gobernar nuestras propias vidas sin Él. Quizás la luz amorosa del mundo sea dolorosa para quienes lo rechazan.

No todo es bueno

No todas las experiencias cercanas a la muerte son agradables, tampoco podemos ignorar el predominio de las experiencias "infernales". El *Manual of Near-Death Experiences* informa que doce estudios con 1.369 sujetos hallaron que el 23 % de las personas "reportaron experiencias cercanas a la muerte que iban desde inquietantes hasta aterradoras o desesperadas".[56]

El doctor Pim van Lommel resume las infernales experiencias cercanas a la muerte: "Para el horror de algunos de los que tienen una experiencia cercana a la muerte, a veces, se ven arrastrados a una oscuridad demasiado profunda. La experiencia cercana a la muerte termina en esta atmósfera aterradora... Esa clase de experiencias usualmente produce un trauma emocional duradero. No sorprende, por tanto, que también se conozca como una "experiencia infernal". Se desconoce el número exacto de personas que experimentan una experiencia cercana a la muerte tan aterradora porque a menudo se mantienen callados por vergüenza y el sentimiento de culpa".[57]

¿Están esas personas realmente en el infierno? No del todo, porque al igual que las experiencias con el cielo, todas volvieron a la vida. No murieron por completo. No cruzaron esa frontera o límite; solo saborearon la muerte. Lo que la gente experimenta es una advertencia de la realidad del infierno.

Howard Storm, profesor de arte en Northern Kentucky University, llevó a los estudiantes a un recorrido por los museos de París cuando una úlcera estomacal perforó su duodeno. En el hospital, Howard luchó para mantenerse con vida, pero finalmente falleció.

Más tarde escribió: "Sabía con certeza que no existía la vida después de la muerte. Solo las personas de mente ingenua creían en ese tipo de cosas. Yo no creía en Dios, ni en el cielo, ni en el infierno, ni en ningún otro cuento de hadas". Esperaba estar inconsciente pero, al contrario, se encontraba vivo, parado en la habitación del hospital. Al principio, Howard se sintió tan asombrado que no se dio cuenta de que estaba muerto. Se encontró con un "comité de bienvenida" formado por personas tan agradables que creyó que eran del personal del hospital, pero lo engañaron y lo llevaron a una oscuridad exactamente como la describió Jesús (véase Mateo 8:11-13). Allí, en esa horrible oscuridad, esos seres se volvieron contra él y lo mutilaron como ocurriría en el peor escenario de una prisión que se pudiera imaginar.

Al principio, eran empujones, patadas, jalones, golpeaduras. Luego, aquello se convirtió en mordeduras y rasgamiento con las uñas y las manos. Me estaban despedazando y había muchas risas, muchas palabras groseras. Luego, se volvieron más perversos; por eso, nunca cuento más allá de esto porque era muy degradante. Es decir, no hablo de eso. Nunca ha habido una película de terror o un libro que pueda siquiera empezar a describir esa crueldad porque era pura maldad... algo realmente sádico. El dolor emocional de lo que me hicieron fue peor que el dolor físico. El dolor físico solo era de pies a cabeza; malestar, firme, horrible y agudo. En una escala del 1 al 10, se podía calificar con 10, absolutamente. No se parecía en nada a lo que sentía por dentro... Y, en ese lugar, escuché una voz que identifiqué como la mía, salvo que no salió de mi garganta. Lo extraño es que sentí que salió de mi pecho. Esa voz decía: "Ora a Dios", y pensé: *Yo no creo en Dios. Ni sé orar.* La voz dijo: "Ora a Dios", entonces pensé: *Ni siquiera sé cómo orar. Aunque quisiera hacerlo no sé cómo.* La voz repitió: "Ora. A. Dios".[58]

Sin embargo, finalmente y en su desesperación, Howard recordó una canción que había aprendido cuando su vecino lo llevó a la iglesia siendo niño: "Jesús me ama, bien lo sé".

Pensé: *¿Por qué [Jesús] se preocuparía por mí? Aun cuando sea [real], ¿por qué lo haría? Debería odiarme. Lo siento tanto.* Pensé: *¡Ya basta! ¡He terminado! No tengo nada más qué hacer…* Quería que fuera cierto que Jesús me amaba… así que grité en la oscuridad: "¡Jesús, sálvame!". Nunca he querido decir algo más fuerte en mi vida.[59]

Y, cuando dije eso, vi una luz. Una pequeña y mínima chispa de luz que, con mucha rapidez, se hizo tan brillante que me cubrió. Y desde esa luz vi unas manos y unos brazos emergiendo de ella, era una luz increíblemente hermosa… tan intensa que era mucho más brillante que el sol… Entonces, aquellas manos y aquellos brazos se extendieron hacia mí, me alcanzaron y me tocaron; y al tocarme, pude ver —a través de aquella luz— lo grotesca y despreciable que era mi vida. Parecía un animal muerto. Pero toda esa suciedad desapareció y ahora era una persona completamente limpia.

Y, mucho más significativamente para mí que la curación física fue que estaba experimentando un amor que no se puede explicar con palabras. Nunca he sido capaz de articularlo, pero puedo decir que si tomara todo el amor que he experimentado en toda mi vida y pudiera condensarlo en un momento, ni aun así estaría a la altura de la intensidad de este amor que estaba sintiendo Y, a partir de ese instante, ese amor ha sido la base de mi vida...

Él simplemente me levantó tiernamente y me sostuvo apretado contra su pecho. Así que, ahí estoy: con mis brazos alrededor de Él, sus brazos alrededor de mí. Y estoy gritando como un bebé. Babeándome, haciendo pucheros y con la cabeza escondida en su pecho. Y, Él comienza a frotar mi espalda, como una mamá o un papá con su hijo. Y lo sabía. No sé cómo lo supe, pero sabía que Él me amaba mucho, tal como yo era. *Jesús me ama...* Clamé a Jesús y vino a rescatarme. Lloré y lloré... alegría y más alegría fluyendo a través de mí.[60]

En la década de 1970, cuando los informes acerca de experiencias cercanas a la muerte aumentaban, se presentaron pocas o ninguna persona que hubieran tenido experiencias cercanas a la muerte del tipo infernal. De hecho, Moody declaró audazmente: "Nadie ha descrito al autor del paraíso con las puertas nacaradas, las calles de oro… ni el infierno con sus llamas y sus demonios en el patíbulo. Por lo tanto, en la mayoría de los casos, el modelo de castigo compensatorio en la otra vida es rechazado y menospreciado".[61] No obstante, la declaración de Moody fue exagerada y prematura. Con todo y eso, aunque las experiencias cercanas a la muerte del tipo infernal nos preocupen a todos, no podemos ignorarlas.

Los que han tenido experiencias cercanas a la muerte y la Biblia nos dicen que somos seres eternos, y que en esta existencia terrenal tenemos muchas oportunidades para elegir la vida más que la muerte eterna. Dios nos da pequeños saborcillos del cielo a través del amor, la belleza y la creatividad. Pero también vemos advertencias en cuanto al infierno a través de los males del racismo, la violación, la tortura, el genocidio y mucho más sufrimiento que proviene de los humanos que rechazan la voluntad de Dios y buscan la propia.

Dios no quiere que tengamos miedo a la muerte ni a la condena, pero tampoco nos obligará a amarlo ni a seguir su voluntad. El amor no puede imponerse. Se requiere una elección. Eso ha hecho la entrada al cielo tan simple que cualquiera, en cualquier lugar, puede invocar su nombre. Como se revela en Romanos 10:13: "Todos los que invoquen el nombre del Señor serán salvos". La Biblia afirma que la muerte de Jesús en la cruz pagó por nuestros pecados contra Dios, con el fin de hacer posible el perdón. Lo único que puede mantenernos lejos del cielo es nuestro propio orgullo: querer jugar a ser Dios y mantenerlo fuera de nuestras vidas en vez de buscar el perdón y la instrucción amorosa de Él.

Pero, ¿qué pasará con aquellos que nunca han escuchado su nombre? En realidad, no lo sabemos. Lo que sí sabemos es que Dios mira el corazón, que Él es justo, y que las Escrituras nos dicen que es por fe que una persona se salva o se encauza con Dios para siempre (véase Efesios 2:8-10). Solo Dios puede juzgar rectamente, y promete que no importa dónde haya estado uno o lo que haya hecho, "si desde allí buscas al Señor tu Dios con todo tu corazón y con toda tu alma, lo encontrarás" (Deuteronomio 4:29).

Revise su vida

Hemos visto que el 22,2 % de las personas en el estudio del doctor Long experimentaron una revisión de la vida, a través de la cual pudieron evaluar el impacto de sus acciones en los demás. Según los investigadores, la revisión de la vida en presencia de Dios a menudo tiene el impacto más dramático en la vida de una persona que ha tenido una experiencia cercana a la muerte. Eso aclara lo que realmente le importa a Dios, ya que Él les muestra a las personas que cada acción, grande o pequeña, afecta a los demás.

La mayoría de las revisiones de vida comienzan con una pregunta que hace el Dios de la luz. Los que han tenido una experiencia cercana a la muerte lo expresan de manera diferente, pero todos escuchan básicamente lo mismo: "¿Qué has hecho con la vida que te di?". Esto no se dice con juicio, sino en amor, para impulsar la reflexión y el aprendizaje.

Dios registra cada pensamiento, cada acto, cada motivo. Promete recompensar a quienes lo aman y le han sido fieles. Jesús nos recuerda para qué vivir: "Ama al Señor tu Dios con todo tu corazón, con todo tu ser y con toda tu mente" —le respondió Jesús—. Este es el primero y el más importante de los mandamientos. El segundo se parece a este: "Ama a tu prójimo como a ti mismo" (Mateo 22:37-39). También dijo: "Porque el Hijo del hombre ha de venir en la gloria de su Padre con sus ángeles, y entonces recompensará a cada persona según lo que haya hecho" (Mateo 16:27). La revisión de la vida de quienes han tenido una experiencia cercana a la muerte es como una vista previa. No un juicio, pero es una oportunidad de vivir para lo que realmente perdura.

Cualquiera sea la educación cultural o religiosa, la revisión de la vida parece ser congruente en todo el mundo. Las personas se sorprenden al ver no solo toda su vida, sino incluso sus pensamientos y motivos secretos. Después de que Howard Storm fue rescatado de la oscuridad, Jesús le preguntó si deseaba ver su vida; inseguro de qué esperar, Howard estuvo de acuerdo. Así es como me describió esa revisión que hizo de su vida.[62]

Hay ángeles que están en semicírculo a nuestro alrededor. Nos retienen. Ahora los enfrento con los brazos de Jesús que todavía me rodean, sosteniéndome... Jesús quería que ellos representaran, en orden cronológico, las escenas de mi vida. La mía no fue como lo describen algunas personas: panorámica, instantánea. La mía fue cronológica desde que nací hasta el presente, momento a momento, instante por instante... en detalle; incluyendo el conocimiento [y] lo que sentía con las personas con las que estaba interactuando... El énfasis estaba en mi interacción con otras personas, por supuesto, inicialmente, comenzando con mi madre y mi padre, mis hermanas... en la escuela y con mis amigos.

Jesús dijo que, en el día final, Dios dirá: "Cuando amaste, serviste, vestiste, alimentaste, cuidaste de la persona menos importante, me lo hiciste a mí; por tanto, ven y recibe tu recompensa" (Mateo 25:31-6, paráfrasis mía). El doctor Long observa lo siguiente: "Los que tuvieron una experiencia cercana a la muerte casi siempre notaban que ellos eran los que se juzgaban a sí mismos".[63] Sin embargo, este Dios de luz brinda compasión. Al respecto, Jesús dijo: "Porque por tus palabras se te absolverá, y por tus palabras se te condenará" (Mateo 12:37).

La doctora Mary Neal, cuando estaba atrapada bajo el agua por su kayak, revivió toda su vida mientras Jesús la sostenía.

Todo lo bueno y lo malo de mi vida quedó al descubierto. Una de las cosas que hicimos fue mirar muchos, muchos, acontecimientos a lo largo de mi vida que de otro modo habría llamado terribles, horribles, tristes, malos o trágicos. Sin embargo, en vez de mirar un hecho en forma aislada, o ver cómo me impactó a mí y a mi pequeño mundo, tuve la notable experiencia de ver sus efectos cuando los veía 25, 30, 35 veces... [y cómo] me cambió y transformó a otros de tal forma que una y otra y otra vez se me mostró que, de hecho, es cierto: en todas las cosas hay belleza. Fue realmente una experiencia que me transformó.[64]

A través de esta experiencia, pude ver claramente que cada acción, cada decisión y cada interacción humana afecta al mundo de maneras mucho más significativas que lo que podríamos ser capaces de apreciar.[65]

El amor de Dios por nosotros no se basa en nuestras buenas o malas acciones: es para que lo recibamos como un regalo gratis. "Porque por gracia ustedes han sido salvados mediante la fe; esto no procede de ustedes, sino que es el regalo de Dios, no por obras, para que nadie se jacte" (Efesios 2:8-9). Pero a Dios sí le interesa cómo nos tratamos, y la revisión de la vida nos recuerda que algún día Dios recompensará cada pequeño acto de bondad y cada buena acción hecha en amor por Él o por otras personas.

Cada nación, tribu, pueblo y lengua

Vivimos en un mundo muy dividido, en el que una etnia se enfrenta a otra, una persona se enfrenta a otra, nación contra nación. Pero el plan de Dios es unir a todas las personas en su amor. Eso es lo que todos queremos, pero sin la voluntad de Dios y sin seguir sus instrucciones, seguiremos luchando. No obstante, en la visión de Juan acerca del cielo, y como muchos que han tenido una experiencia cercana a la muerte proclaman, Dios está construyendo una familia con todas las naciones que ha de traer a la unidad perfecta de su amor.

En el último libro de la Biblia, en la visión de Juan, este ve "una enorme multitud de todo pueblo y toda nación, tribu y lengua, que era tan numerosa que nadie podía contarla. Estaban de pie delante del trono y delante del Cordero [Jesús]" (Apocalipsis 7:9, NTV). Marv Besteman también vio la diversidad de personas que formaban la comunidad celestial.

Las personas sonrientes que estaban en esa fila eran de todo el mundo y vestían todo tipo de ropa. Vi muchas nacionalidades representadas, incluyendo escandinavas, asiáticas, africanas y del Medio Oriente… [así como] tribus africanas primitivas; vestían atuendos tribales y vestimenta parecida a una toga con sandalias en sus pies.[66]

Jesús oró para que aprendiéramos a experimentar cada vez más en la tierra lo que sucederá plenamente en la familia del cielo. Por eso dijo: "No ruego solo por estos. Ruego también por los que han de creer en mí por el mensaje de ellos, para que todos sean uno. Padre, así como tú estás en mí y yo en ti, permite que ellos también estén en nosotros, para que el mundo crea que tú me has enviado" (Juan 17:20-21). En el cielo, la oración de Jesús es sentida tangiblemente por todos.

El Capitán Dale Black lo describe bien: "La mejor unidad que he sentido en la tierra no se compara con la estimulante unión que viví con mi familia espiritual en el cielo. Este amor… el amor de Dios se estaba transformando".[67]

Si desea tener una imagen completa en cuanto a cómo será tener un cuerpo en el cielo, cómo será ver la belleza del paraíso y los tipos de casas en las que viviremos; vislumbrar la ciudad celestial, experimentar la luz y los colores celestiales, con el objeto de enfrentarse cara a cara con el Dios de la luz, para tener un mayor sentido de la vista y del sonido, para viajar con el simple pensamiento y reunirse con sus seres queridos, debo decirle que puede encontrar todo eso y más en el libro *Imagine Heaven*. Le sorprenderán las historias de cientos de personas de todo el mundo.

El cielo será un lugar próspero, alegre y festivo, donde las familias y los amigos trabajarán juntos, jugarán juntos, experimentarán una verdadera comunidad entre ellos y se reunirán para celebrar la existencia con el Dador de la vida. Toda la lucha, el sufrimiento, cada acto de fe, servicio y sacrificio realizado en esta tierra tendrá su recompensa algún día. La vida que siempre supo que estaba destinado a vivir ya está llegando. Las experiencias más maravillosas e inimaginables se encuentran ante usted. ¡Imagínese el cielo! ¡Viva por él ahora mismo!

Notas

1. "Mary NDE", NDERF.org, consultado el 8 de agosto de 2019, https://www.nderf.org/Experiences/1mary_nde.html.

2. Artículo de *The Lancet* citado en *Journal of Near-Death Studies* 27, no. 1 (otoño de 2008): 48 (referencia en la red: http://netwerk nde.nl/wp-content/uploads/jndsden-tureman.pdf).

3. "Simran W NDE", NDERF.org, consultado el 29 de abril de 2015, http://www.nderf.org/NDERF/NDE_Experiences /simran_w_nde.htm.

4. Citado de la entrevista que le hizo John Burke a la doctora Mary Neal en octubre de 2015.

5. Citado de la entrevista que le hizo John Burke a la doctora Mary Neal en octubre de 2015.

6. Citado de la entrevista que le hizo John Burke a la doctora Mary Neal en octubre de 2015.

7. "Near-Death Experiences Illuminate Dying Itself", *New York Times*, 28 de octubre de 1986, https://www.nytimes .com/1986/10/28/science/near-death-experiences-illuminate -dying-itself.html.

8. George G. Ritchie y Elizabeth Sherrill, *Return from Tomorrow* (Grand Rapids: Spire, 1978), pp. 36-55. Usado con permiso.

9. *Ibid.*, p. 93.

10. *Ibid.*, p. 20.

11. Raymond Moody Jr., *Vida después de la vida* (Editorial Vida).

12. Kenneth Ring y Sharon Cooper, *Mindsight: Near-Death and Out-of-Body Experiences in the Blind* (Bloomington, IN: Universe, 2008), edición Kindle.

13. Pim van Lommel, *Consciousness Beyond Life: The Science of the Near-Death Experience* (New York: HarperCollins, 2010), edición Kindle, posición 9.

14. British Broadcasting Company, *The Day I Died: The Mind, the Brain, and Near-Death Experiences*, film (2002), http://topdoc umentaryfilms.com/day-I-died/.

15. Van Lommel, *op. cit.*, p. 26.

16. *Ibid.*, p. 136.

17. *Ibid.*, pp. 132-33.

18. Michael Sabom, *Light and Death* (Grand Rapids: Zondervan, 2011), edición Kindle, posiciones 83-90, 122-25.

19. Resumen de la experiencia cercana a la muerte de Sheila (incluidas citas textuales) de Jeffrey Long y Paul Perry, *Evidence of the Afterlife: The Science of Near-Death Experiences* (New York: HarperCollins, 2009), edición Kindle, posición 26-30.

20. Long y Perry, *op. cit.*, p. 44.

21. J. Steve Miller señala que *The Index to NDE Periodical Literature* colecciona estos artículos, los cuales pueden verse en: http://iands.org/research/index-to-nde-periodical-literature.html; *Near-Death Experiences as Evidence for the Existence of God and Heaven: A Brief Introduction in Plain Language* (Acworth, GA: Wisdom Creek Press, 2012), edición Kindle, posición 8.

22. J. M. Holden, B. Greyson, y D. James, *The Handbook of Near-Death Experiences* (Santa Barbara, CA: Praeger/ABC-CLIO, 2009), p. 7.

23. Van Lommel, *op. cit.*, pp. 132-33.

24. Miller, *op. cit.*, pp. 38-39.

25. Long y Perry, *op. cit.*, pp. 6-7.

26. *Ibid.*, pp. 57-58.

27. Marvin J. Besteman y Lorilee Craker, *My Journey to Heaven: What I Saw and How It Changed My Life* (Grand Rapids: Baker, 2012), edición Kindle, posición 12-14. Usado con permiso.

28. Van Lommel, *op. cit.*, p. 46.

29. "Hazeliene M NDE", NDERF.org, consultado el 8 de agosto de 2019, http://www.nderf.org/NDERF/NDE_Experiences /hazeliene_m_nde.htm.

30. Besteman y Craker, *op. cit.*, p. 151.

31. Moody, *op. cit.*, p. 55.

32. Erlendur Haraldsson y Karlis Osis, *At the Hour of Death* (Guildford, Great Britain: White Crow Books, 1977), p. 184.

33. Dale Black y Ken Gire, *Flight to Heaven: A Plane Crash… A Lone Survivor… A Journey to Heaven—and Back* (Minneapolis: Bethany House, 2010), edición Kindle, posiciones 28-29, 98-106.

34. Richard Eby, *Caught Up into Paradise* (Old Tappan, NJ: Revell, 1978), pp. 204-205.

35. Resumen de la experiencia cercana a la muerte de Eben Alexander (incluidas citas textuales) de Eben Alexander III, *Proof of Heaven* (New York: Simon & Schuster, 2012), edición Kindle, posiciones 8-9, 29-32, 38, 48-49, 143.

36. Ring y Cooper, *op. cit.*, pp. 554-65.

37. *Ibid.*, p. 27.

38. British Broadcasting Company, *The Day I Died*, http://top documentaryfilms.com/day-i-died/.

39. Black y Gire, *op. cit.*, p. 100.

40. Long y Perry, *op. cit.*, p. 130.

41. Haraldsson y Osis, *At the House of Death*, p. 37.

42. *Ibid.*, pp. 190-191.

43. *Ibid.*, p. 153.

44. *Ibid.*, p. 181.

45. Miller, *op. cit.*, pp. 83-85.

46. Moody, *op. cit.*, p. 78.

47. Faisal Malick, *10 Amazing Muslims Touched by God* (Shippensburg, PA: Destiny Image, 2012), edición Kindle, posición 81.

48. Bodie Thoene y Samaa Habib, *Face to Face with Jesus: A Former Muslim's Extraordinary Journey to Heaven and Encounter with the God of Love* (Bloomington, MN: Chosen, 2014), edición Kindle, posición 2157-65. Usado con permiso.

49. Miller, *op. cit.*, pp. 83-84.

50. *Ibid.*, pp. 86-87.

51. "Rene Hope Turner NDE", NDERF.org, consultado el 5 de mayo de 2015, http://www.nderf.org/Experiences/1rene_hope _turner_nde.html.

52. Haraldsson y Osis, *op. cit.*, p. 177.

53. Jenny Sharkey, *Clinically Dead—I've Seen Heaven and Hell* (Gospel Media, 2013), edición Kindle, posición 25-31.

54. Thoene y Habib, *op. cit.*, pp. 176-80.

55. A. J. Ayer, "Lo que vi cuando estaba muerto", *National Review* (14 de octubre de 1988), pp. 38-40.

56. Holden, Greyson, y James, eds., *Handbook of Near-Death Experiences*, 70; citado en Miller, *Near-Death Experiences as Evidence*, p. 170.

57. Van Lommel, *op. cit.*, pp. 29-30.

58. De la transcripción de la entrevista de John Burke a Howard Storm.

59. De la transcripción de la entrevista de John Burke a Howard Storm. Las dos últimas oraciones de este párrafo son de Howard Storm, *My Descent into Death: A Second Chance at Life* (New York: Doubleday, 2005), p. 25.

60. De la transcripción de la entrevista de John Burke a Howard Storm. Las dos últimas oraciones de este párrafo son de Howard Storm, *My Descent into Death...*, p. 26.

61. Moody, *op. cit.*, p. 92.

62. Todo el material citado sobre la experiencia cercana a la muerte de Howard Storm, aparte de lo que se cita en las notas finales, es de la transcripción de la entrevista de John Burke a Howard Storm.

63. Long y Perry, *op. cit.*, p 113.

64. De la transcripción de la entrevista de John Burke con la doctora Mary Neal, octubre de 2015.

65. Mary C. Neal, *To Heaven and Back: A Doctor's Extraordinary Account of Heaven, Angels, and Life Again: A True Story* (Colorado Springs: Waterbrook, 2012), edición Kindle, posición 57.

66. Besteman y Craker, *op. cit*, p. 75.

67. Black y Gire, *op. cit.*, pp. 109-110.

Acerca del autor

John Burke es autor superventas del *New York Times* por sus libros *Imagine Heaven*, *No Perfect People Allowed*, *Soul Revolution*, y *Unshockable Love*. Como orador internacional y pastor, John ha dictado conferencias a cientos de miles de personas en veinte países, acerca de liderazgo y crecimiento espiritual. Actualmente John reside en Austin, Texas.

Obtenga más información en ImagineHeaven.net.